U0659264

地方文化资源开发与管理

主　编　王宏彬

副主编　张淑丽　吴越卓

哈尔滨工程大学出版社

内容简介

"地方文化资源开发与管理"是公共事业管理方向的专业必修课,它以地方文化资源开发与管理基本流程为主线,阐述涉及的文化资源、文化资源产业、文化资源宏观管理、文化资源的开发与利用等方面的专业知识和管理能力。

图书在版编目(CIP)数据

地方文化资源开发与管理/王宏彬主编. —哈尔滨:
哈尔滨工程大学出版社,2016.6
ISBN 978 - 7 - 5661 - 1286 - 6

Ⅰ.①地⋯ Ⅱ.①王⋯ Ⅲ.①地方文化 - 资源开发 -
中国②地方文化 - 资源管理 - 中国 Ⅳ.①G127

中国版本图书馆 CIP 数据核字(2016)第 158441 号

选题策划 卢尚坤
责任编辑 卢尚坤
封面设计 恒润设计

出版发行 哈尔滨工程大学出版社
社   址 哈尔滨市南岗区东大直街 124 号
邮政编码 150001
发行电话 0451 - 82519328
传   真 0451 - 82519699
经   销 新华书店
印   刷 黑龙江省教育厅印刷厂
开   本 787 mm × 960 mm   1/16
印   张 10
字   数 169 千字
版   次 2016 年 6 月第 1 版
印   次 2016 年 6 月第 1 次印刷
定   价 30.00 元
http://www.hrbeupress.com
E-mail:heupress@ hrbeu.edu.cn

　　地方文化以两种形式进入个体的生活世界,影响、塑造着个体。一种是以显性的地方性知识供给个体,历史文化遗存、人物掌故等都以这种方式进入个体生活。另一种是以隐性的地方传统和精神的形式规约并塑造个体,它存在于一个地方成员的集体意识及精神观念里,通过社会教化的方式代代相传。地方文化资源是现代经济社会发展的重要源泉。地方文化资源的开发已经成为区域经济发展的重要方向和新的经济增长点,是实现我国经济"绿色增长"、推进经济发展方式转变、国家生态文明战略区域实现的重要途径。

　　半个世纪以来,人类对文化资源的开发活动,已经造成生态环境的恶化、加剧自然资源和文化遗产的日益枯竭,严重威胁到人类自身的生存和发展。因此,加强对地方文化资源的开发与管理,加大力度拯救我们的生存环境和保护人类生存所必须的资源,是现代社会成员的历史使命。

　　"地方文化资源开发与管理"是一门极具应用性的学科,是以地方文化资源开发与管理的一般理论为指导,研究地方文化资源开发中各种活动和关系的科学。本书分析文化、资源、文化资源、文化产业等相关概念和内涵,界定了地方文化资源开发与管理的基本范畴;全面介绍了地方文化资源产业化开发、地方文化产品开发、文化创意产业、地方文化资源的培育和保护、非物质文化遗产的保护资源、文化体制改革和文化创新等相关内容;在借鉴国内外地方文化资源开发与管理经验的基础上,提出了加强地方文化资源开发与管理的总体思路。因此,本书的写作,具有较好的社会意义和理论价值。

　　本书结构框架由哈尔滨工程大学王宏彬设计,佳木斯大学张淑丽、哈尔滨工程大学吴越卓参与本书的编撰工作,其中,第一、二、三、九章由王宏彬编写,第四、五、六章由张淑丽编写,第七、八章由吴越卓编写,全书由王宏彬统稿。

在本书编写过程中,参考和采用了国内外学者相关研究成果,在此表示衷心的感谢。由于地方文化资源开发与管理是目前学术界较新的问题,学术界对这一问题的认识和理解千差万别,因此,书中所研究的相关问题难免有疏漏、不足之处,恳请各位专家、读者批评指正。

编　者

2016 年 5 月

目录
CONTENTS

第一章　文化资源

文化是一个地区一个城市的政治、经济、社会各方面的综合反映,因此,挖掘地方文化资源,着力打造特色文化品牌,对于促进地方文化发展与繁荣,推进地方经济文化建设,实现文化强国具有重要历史价值和现实意义。

【学习目标】

1. 掌握文化的内涵和特征。

2. 掌握资源的内涵和特征。

3. 认识文化资源特征和作用。

4. 了解地方文化资源的形态。

第一节　文化和资源

一、文化

(一)文化的内涵及其结构

1. 文化的内涵

英国文化人类学家爱德华·伯内特·泰勒于 1871 年在其所著的《原始文化》一书中给"文化"所下的定义:文化或文明是一个复杂的整体,它包括知识、信仰、艺术、道德、法律、风俗以及作为社会成员的人所具有的其他一切能力和习惯。也就是说,文化是人类有意识地作用于自然界、社会和人类自身的产物。文化是人类创造的物质成果和精神成果的总和。

2. 文化的结构

一般说来,我们通常将文化分为三个层次。

(1)意识文化

意识文化又被称为精神文化、观念文化。意识文化包括心理、心态、信念、观念等纯意识领域,也包括哲学、伦理、道德、宗教、美学、音乐、诗歌、文学、绘画等理论化和对象化的意识领域。

(2)制度文化

制度文化是处理人与人之间关系的产物。制度文化包括反映社会形态和社会性质的制度,如原始共产主义制度、奴隶制度、封建制度、资本主义制度、社会主义制度等;制度文化包括各种具体制度,如政治制度、婚姻家族制度等;制度文化还包括形形色色的规章制度,如生产管理制度、奖惩制度等。日常生活中的习惯定势、民俗民风也可列入制度文化中。

(3)物质文化

物质文化是物质产品中融入意识文化的要素,物质成了意识文化的载体。建筑、园林、服饰、器物、饮食、交通工具等物质形态都有精神要素,都有文化的内涵。

对于庞大的文化体系,可以从不同的视角再分类。从时间视角,可以分原始文化、古代文化和现代文化等;从空间视角,可以分东方文化、西方文化、海洋文化和大陆文化等;从生产和生活的视角,可以分稻作文化、游牧文化、茶文化和酒文化等。

(二)文化的特征

1.同一性

文化从最本质的角度上讲是对自然的人化,劳动创造了人,人在劳动中创造了文化。人类的活动是在社会中进行的,所以文化是人类共同创造的社会性产物,是人类在长期的社会实践中的经验积累和智慧汇聚。它为人类社会成员共同接受,共同享有。不为社会成员共同接受和理解的事物,不属于文化现象。

2.时代性

任何人类活动,都是在特定历史条件下进行的,文化是一定社会、一定时代的产物,是一个历史性的概念。每一代人从上一代那里继承传统文化,并根据新的时代需要对其进行利用和改造,使其适应新的时代的要求,因此,文化又同时具有传承性和变异性。

3.民族性

人类与动物的显著区别就在于人类具有社会性。因此人类的活动总是带有社会集团性质,以实现社会集团的利益为活动的目的和方向。当不同的社会集团分化、整合为民族的时候,反映这种以集团利益为活动方向的社会文化,便自然地带有民族文化的特征。特定民族所恪守的共同语言、共同利益、共同的风俗习惯和民族性格,是民族文化的突出表现。而当社会集团内部分化为不同的阶级时,文化又带有鲜明的阶级性。

4.地域性

人类的活动必须借助一定的空间条件才能进行,因此,文化也就很自然地具有了地域的特性。文化的地域性与文化的民族性是紧密相关的,因为一般民族都是带有区域性的社会共同体,民族文化在某种程度、某种角度上,也反映出区域文化的特点与内容。所不同的是,文化的地域性较之文化的民族性,有着更为宽泛的包容性和更为灵活的机动性。

二、资源

(一)资源内涵的界定

《辞海》对资源的解释是:"资财的来源,一般指天然的财源。"联合国环境规划署对资源的定义是:"所谓资源,特别是自然资源是指在一定时期、地点条件下能够产生经济价值,以提高人类当前和将来福利的自然因素和条件。"上述两种定义只限于对自然资源的解释。马克思在《资本论》中说:"劳动和土地,是财富两个原始的形成要素。"恩格斯的定义是:"其实,劳动和自然界在一起它才是一切财富的源泉,自然界为劳动提供材料,劳动把材料转变为财富。"马克思、恩格斯的定义,既指出了自然资源的客观存在,又把人(包括劳动力和技术)的因素视为财富的另一不可或缺的来源。可见,资源的来源及组成,不仅是自然资源,而且还包括人类劳动的社会、经济、技术等因素,还包括人力、人才、智力(信息、知识)等资源。

据此,所谓资源指的是一切可被人类开发和利用的物质、能量和信息的总称,它广泛地存在于自然界和人类社会中,是一种自然存在物或能够给人类带来财富的财富。或者说,资源就是指自然界和人类社会中一种可以用以创造物质财富和精神财富的具有一定量的积累的客观存在形态,如土地资源、矿产资源、森林资源、海洋资源、石油资源、人力资源和信息资源等。

(二)资源的分类

在人类经济活动中,各种各样的资源之间相互联系,相互制约,形成一个结构复杂的资源系统。每一种资源内部又有自己的子系统。资源系统可从性质、用途等不同角度进行不同的分类。

1. 按资源性质划分

按资源性质可分为自然资源、社会经济资源和技术资源。

（1）自然资源

自然资源一般是指一切物质资源和自然过程,通常是指在一定技术经济环境条件下对人类有益的资源。

（2）社会经济资源

社会经济资源又称社会人文资源,是直接或间接对生产发生作用的社会经济因素。其中人口、劳动力是社会经济发展的主要条件。

（3）技术资源

广义上的技术资源也属于社会人文资源,其在经济发展中起着重大作用。技术是自然科学知识在生产过程中的应用,是直接的生产力,是改造客观世界的方法和手段。技术对社会经济发展最直接的表现就是生产工具的改进,不同时代生产力的标尺是不同的生产工具,主要是由科学技术来决定的。

2. 按资源的可再生性分析

从资源的再生性角度可划分为再生资源和非再生资源。

（1）再生资源

再生资源即在人类参与下可以重新产生的资源,如农田,如果耕作得当,可以使地力常新,不断为人类提供新的农产品。再生资源有两类:一类是可以循环利用的资源,如太阳能、空气、雨水、风和水能、潮汐能等;一类是生物资源。

（2）非再生资源（或耗竭性资源）

这类资源的储量、体积可以测算出来,其质量也可以通过化学成分的百分比来反映,如矿产资源。

再生资源和非再生资源的区分是相对的,如石油、煤炭是非再生资源,但它们却是古生物（古代动、植物）遗骸在地层中经过物理、化学的长期作用变化的结果,这又说明二者之间可以转化,是物质不灭及能量守恒与转化定律的表现。

3. 按资源利用的可控程度划分

从资源利用的可控性程度,可划分为专有资源和共享资源。

（1）专有资源,如国家控制、管辖内的资源。

（2）共享资源，如公海、太空、信息资源等。

4.按资源用途划分

（1）农业资源

农业资源是农业自然资源和农业经济资源的总称。农业自然资源含农业生产可以利用的自然环境要素，如土地资源、水资源、气候资源和生物资源等。农业经济资源是指直接或间接对农业生产发挥作用的社会经济因素和社会生产成果，如农业人口和劳动力的数量和质量、农业技术装备、交通运输、通信、文教和卫生等农业基础设施等。

（2）工业资源

工业资源直接进入工业生产领域，为工业生产提供原料或提供动力的资源，如矿产、化石燃料、水能和种子等。

（3）信息资源

信息资源是企业生产及管理过程中所涉及的一切文件、资料、图表和数据等信息的总称。广义的信息资源，指的是信息活动中各种要素的总称。其中所说的"要素"包括信息、信息技术以及相应的设备、资金和人等。狭义的观点突出了信息是信息资源的核心要素，但忽略了"系统"。信息资源由信息生产者、信息和信息技术三大要素组成。

5.按资源可利用状况划分

（1）现实资源，即已经被认识和开发的资源。

（2）潜在资源，即尚未被认识，或虽已认识却因技术等条件不具备还不能被开发利用的资源。

（3）废物资源，即传统被认为是废物，而由于科学技术的使用，又使其转化为可被开发利用的资源。

第二节　文化资源概述

一、文化资源

（一）文化资源的内涵

文化资源是人们从事文化生活和生产所必需的前提准备。从对人们的贡献力量来看，文化资源有广义和狭义之分：广义上的文化资源泛指人们从事一切与文化活动有关的生产和生活内容的总称，它以精神状态为主要存在形式；狭义上的文化资源是指对人们能够产生直接和间接经济利益的精神文化内容。文化资源的丰富程度和质量高低直接对当地文化经济的发展产生影响。

（二）文化资源的特征

文化资源与自然资源相比，具有如下特征。

1. 无形性

文化资源大多是以精神、理念等观念形态存在的，人们可以认识它、理解它、感知它，甚至可以用语言表达它，但却不能说出它的形状、长短、方正、圆缺、颜色等；而且，人们在享用文化资源的时候，感觉是隐性的、潜在的，功效即便巨大，但往往也不可能立竿见影，它对人的作用常常是间接的、潜移默化的。譬如，人们学习知识，刚学到一点并不一定能解决什么问题，立刻起到作用。但学得多了，就可能懂得很多道理，解决人生中遇到的很多问题。再如人生观的问题，人们刚了解认识一定的人生观，并不一定马上成为什么样的人。但通过长期的理解、实践，就可能成为一定人生观支配的人。因此，文化资源虽然是无形的、隐性的、潜在的，但它对于人的作用却是巨大的。

2. 传承性

任何一个民族的文化都是一种历史的积累，其中体现着民族的特性，而这种特性是通过长期的文化创造反映出来的。一般而言，一个民族的文化大都经过从初创到发展，逐渐形成自己的特质，最终基本形成有自己民族特色的文化形态。这其中存在着一个继承、发展、创新的问题。一个民族的文化是这个民族共同智慧的结晶，是一代一代人传承下来的。无论是发展也好，创新也好，都不能丢掉历史，舍弃传统，而是要在学习、吸收、掌握传统精髓的前提下发展和创新，否则，文化可能成为无源之水、无本之木，最终成为不伦不类的东西。就文化的本身而言，民族文化的初创往往体现着一个民族最本质的特性，譬如它反映了一个民族最原始的人文图腾、宗教信仰等，而这恰恰是一个民族生成的根源或文化产生的渊源，如果抛弃了这个根，就不成为这个民族的文化。

3. 稳定性

文化作为客观存在，是一种观念形态的东西，是经过长期的历史积淀而形成的，是包括民族精神、民族心理、民族发展历程的观念形态，深深地刻印在一个民族的精神世界，一旦形成,具有相当的稳定性。特别是一个民族文化的精髓部分,是超稳定性的。譬如社会价值观,一旦得到整个民族的共同认同,便会长久地对这个民族发挥作用,不是人们想改变就能轻易改变的。文化资源的稳定性还表现为,文化资源本身常常体现为一种文化传统,人们可以丰富它、发展它,甚至对传统进行创新。但文化的前因后果,历史联系是不可能割断的,文化呈现的仍然是完整的文化,是历史与现实统一的文化。人们既不能强调社会发展的现代性而抛弃传统,更不能趋向保守舍弃现代性趋势。因为文化的活力在于一方面强调对传统精华的继承,一方面追求继承基础上的发展创新。譬如,民族精神,是在一个民族长期的历史发展中形成的,随着时代的进步,人们可以丰富它的内涵,但它的基本精神贯穿于民族发展的始终,是稳定的。因此,它就成为一个民族发展的稳固动力。

4. 共享性

与自然资源相比,文化资源也存在产权归属。但与自然资源有显著区别的是,文化资源虽然有产权归属,但产权拥有者并不一定对这一资源完全独占独享。譬如,中华民族的传统文化无疑属于中华民族所有,但我们却不能把它封闭起来,其他国家、其他民族同样可以学习它、借鉴它,甚至让它为自己的经济、政治、文化发展服务。一种新知识、新技术、新发明,产权拥有者可以使用,产权以外的其他人、其他国家和组织通过合法的程序也可以使用它。一部文学作品,无论产权属于谁,人们都可以学习它、欣赏它,使之成为自己的精神食粮,如此等等。因此,任何文化资源,一经产生既是民族的,更是世界的、全人类的共同资源、共同财富。当然对于优秀的文化资源,任何人、任何组织也无法实现对它的独占独有。特别是在信息时代,知识、信息的传播速度十分惊人,世界上每个角落发生的事情都可以迅速传遍全球,这就使文化资源的共享水平进一步提高。

5. 持久性

许多自然资源使用后便可能消耗掉,而且对于某一种自然资源来说,若过量使用,还可能使这一资源永远灭绝。文化资源则不然。一种文化资源,只要人们认为它对人类有用,便可以永久地使用,它不会因为使用它的对象多少,使用的频率高低而枯竭、而灭绝。相反,一种文化资源使用的人越多、频率越高,不但不会导致它的量的减少,而且还可能促使这种文化资源量的增长,甚至产生新的文化特质。因为,学习、普及、使用的过程就是一个创造的过程。作为优秀的文化资源,一代人使用之后,后代人仍然可以重复使用,可以世世代代为人类造福。使用的人越多,越能显示其价值和生命力。对于人类优秀的文化资源来说,除非人类遭受重大浩劫,否则,它就永远不会灭绝、消失。譬如,中华文化、古埃及文化、古希腊文化、古印度文化等,虽然历经沧桑,仍显示其灿烂的光辉。

6. 效能性

作为自然资源,无论怎样充分利用,一定量的资源的能量是有限的。譬如,1公升石油,它能产生的热量是有限度的;一吨钢材,只能产生与其量相等的钢产品,等等。文化资源则完全不一样。一种文化产品可以供许多人、甚至整个人类享用,一本书可以影响一代人,一项新技术可以引起一场革命,一种精神和思想可以改变人类的历史进程。我们仅以近几百年世界的重大事件为例就足以说明问题。蒸汽机的产生,引发了世界范围的工业革命;计算机及其网络的出现,把人类一下子带入信息社会。当年,一部《钢铁是怎样炼成的》不仅哺育了原苏联的一代人,也影响了中国一代人的成长。而马克思主义的诞生,则使欧洲、亚洲、美洲一批国家走上了社会主义道路,从而改变了世界格局。由此可见,文化资源可以最大限度地实现其效能,而且使用的人越多,范围越广,其效能就越大。

7. 递增性

作为有形的自然资源来说,是越用越少,不断递减,而作为精神现象的自然资源不但不会越用越少,反而会越用越多,逐渐递增。我们说,使用文化的过程,必然就是创造文化的过程。文化是人类智慧的结晶。在人类的历史演进中,一代人有一代人的智慧,而且,后代人总是拥有比前代人更多的智慧。因为人是在学习、吸收前代人智慧的基础上丰富前代人的智慧,并创造新的智慧。文化资源就是经过人类一代一代的努力,随着历史的演进而不断生长、不断递进的。只要人类思维和创造活动不停止,人类文化就会不断丰富、发展、创新,并不断产生新的特质。

二、文化资源的分类

(一)根据性质的不同划分

1. 物质文化资源

物质文化资源是自然界中可供人们用于文化生产的各种物质和条件,它是作为文化产品的物质载体和文化生产的物质手段。

其一是文化生产所表现的物质对象,即地理地貌、自然景观以及物质生产过程及其成果。

其二是文化产品的物质载体,如:立体造型的特种的泥、石、木等(亦可称为原始自然资源);平面造型的纸、颜料、笔等(亦可称为再生自然资源);专业化的科技产品,如录音机、录像机、电视机等(亦可称为科技社会资源)。

其三是文化生产的物质手段,如专业化的工具、设备、摄影机、摄像机、灯光、音响、剧场、影院等。

其四是文化生产的其他基本资源,如人力和资金。

2. 精神文化资源

精神文化资源存在于人类社会生活之中,是在人类社会发展的历史过程中形成和产生的。

(1)专利资源

专利资源包括著作权、专利权、商标权等,广义上还包括形象特许使用经营权等,是法律保护的无形资产。

(2)智能资源

第一,符号化的文化知识。它是前人创造的图案、语言、绘画、音乐、造型、传说、方案、影视等,用系统的符号形式记录在物质载体上(包括记录在纸张、乐谱、画布上,雕刻在陶瓷、甲骨或金属上,记录在磁带胶片和光盘上)。

第二,经验型的文化技能。它是由人掌握的一种活的创造技能,包括写作、歌唱、舞蹈、绘画、演奏、编程、设计等方面的各种程序和技巧,用于文化生产的过程。

第三,创新型的文化能力。它是文化人在获得知识和操作技能的基础上,突破前人模式的独创性思维和实践能力,体现为创造型的构思、创意、主题、灵感、方案和决策等。

(二)根据成因、形态和作用划分

1. 自然文化资源

自然文化资源指的是土地、矿物、水、生物、动物等资源。

2. 传统文化资源

传统文化资源指的是历史、民族、民俗、风俗、文物、遗迹等。

3. 智力文化资源

智力文化资源指的是人的能力、智慧、创造性等。

4. 资本与信息文化资源

资本与信息文化资源指的是文化设备、资金、信息网络与技术应用。

（三）根据文化资源的形式划分

1. 有形文化资源

如历史遗存遗址、特色民居建筑、历史名城名镇、特色服饰和民族民间工艺品等。

2. 无形文化资源

如语言文字、文学艺术、绘画美术、音乐舞蹈、神话传说、风俗习惯和民族节庆等。

（四）根据内容划分

文化资源被划分为精神文化资源、器物文化资源和信息文化资源等。

（五）根据文化产业发展划分

可把文化资源划分为可开发资源和不可开发资源。

（六）按照地域不同

文化资源可以被划分为世界文化资源、民族文化资源和地方文化资源等。

（七）根据文化资源形成的时间划分

其可分为古代文化资源、近代文化资源和现当代文化资源等。

三、文化资源的作用

（一）方向性

一定的社会价值观、精神理想和既成的制度文化，必然对现存的社会、经济、政治产生影响，并引导社会向其规划的基本取向发展。无论社会的统治集团情愿与否，文化的渗透力和发展力量不是人们可以随意主观地改变的。因此，文化的首要功能就是引导约定社会的发展方向。

（二）支撑力

人是物质的人和精神的人的统一体，不但需要物质力量的支持，更需要强大的精神支柱。无论是一个人、一个民族、一个国家，还是整个人类，没有坚强有力的精神支柱的支撑，就不可能获得长久的动力。

（三）凝聚力

一个国家、民族的文化是经过长期的积累，包含着文化传统、民族心理以及各种社会要素,并为广大社会成员认同的精神资源,它一般体现为信仰、信念、价值观,而且一旦形成,相对稳定。因此,它对一个国家、一个民族具有永久的、强大的统摄力,能够凝聚人心,积聚力量,对一个国家和民族的发展起着特殊的作用。

(四)推动力

文化是人类社会最活跃的因子,当社会发展出现停滞甚至倒退时,文化以其意识的能动性和观念的崭新性,引导人们思想的解放、制度的革新,催促社会的变革。不仅如此,文化作为涌动于社会肌体的恒常力,特别对于现代社会来说,是人类可持续发展的永久动力。

第三节　地方文化资源

一、乡村文化资源

(一)乡村文化内涵的界定

乡村文化的本质是一种庶民文化,它在过去是与官文化、士文化、工商文化等相对立的一种民间文化。目前,国内外学术界对乡村文化还没有完全统一的定义。第一种观点认为,乡村文化是人们对乡村自然环境的社会生态适应。第二种观点认为,乡村文化是人类与乡村自然相互作用过程中所创造出来的所有事物和现象的总和,它具有自然性、生产性和脆弱性等特性。第三种观点认为,乡村文化是指乡村地域范围内、一般乡民所代表的生活文化,是具有普适性特征的"小传统"。

归纳以上观点,笔者认为,乡村文化有广义和狭义之分。广义的乡村文化就是指农民群众在持久的生产生活实践活动中创造出的物质财富和精神财富的总和;狭义的乡村文化主要指制度建设、教育普及、科技下乡、文艺汇演、法制观念等意识形态在内的精神范畴,是农民的生活方式、思想观念、认知方式、科学文化水平等心理和精神内涵累积的反映与升华。乡村文化有着深厚的群众基础,容易产生共鸣,使人们形成认同感、归属感和荣誉感,同时,乡村文化作为独立的存在,是保持文化多样性的内在动力。

乡村文化包括物质和非物质两种形态。物质形态主要体现在乡土建筑空间形态等方面,非物质形态主要体现在乡风民俗等方面。乡村文化的载体主要有村庄布局、民居建筑、祠堂庙产、族谱家规、村规民约、民间音乐、民间故事、传统技艺、婚丧嫁娶及饮食习俗、精英人物的影响力等。

（二）乡村文化资源的特点

第一，乡村文化的主体是共同劳动和生活的乡村农民，具有主动性和自发性。乡村农民是新农村建设的主体，也是新型健康乡村文化建设的主体。在构筑新型健康乡村文化的过程中，乡村农民是"主力军"，具有全面、主动、自发、自觉、参与和享受的特性。

第二，乡村文化是乡村农民共同拥有的风俗习惯，具有历史延续性。乡村文化本身既具有千百年来的传统习俗，也有时代进步所赋予的全新内容。特别是一些民间传统节日和重要礼仪，承载着乡民们的生活理念和文化内容。共同的礼仪和习俗文化，具有强大的认同、凝聚和整合功能。

第三，乡村文化是乡村农民间一种互动的文化娱乐活动，具有广泛参与性。在这些娱乐活动中，乡民们有时是被动的受众，但在更多时候则是主动的参与者。虽然他们自编自演的节目达不到某些高级标准，但这丝毫不会影响其娱乐价值。

第四，乡村文化是乡村农民所拥有的稳定、共同的生活质量和生活方式，具有全方位性。乡村里的生产能力、生活状况、乡村治理结构、社会保障状况、民主管理程度、村民自治水平等各方面，都应是乡村文化的重要内容。因此，要全方位地把握乡村文化的科学内涵，充分展示与发挥乡村文化"化"人的社会功能，突出新型性和健康化。

二、都市文化与都市精神资源

（一）都市文化

都市文化又称城市文化，有广义与狭义之分。广义的城市文化，是指城市的主人在城市发展过程中所创造的物质财富和精神财富的总和。狭义城市文化是指城市主人在城市长期的发展中培育形成的独具特色的共同思想、价值观念、基本信念、城市精神、行为规范等精神财富的总和。通常所讲的城市文化，主要是指狭义城市文化，它是与经济、政治并列的城市全部精神活动及其产物，它既包括世界观、人生观、价值观、发展观等具有意识形态性质的部分，也包括科技、教育、习俗、语言文字、生活方式等非意识形态的部分。城市文化作为城市的精神产品，规范着人们的思想和行为，对人的影响是根本的和长远的。都市文化具有深厚的历史文化底蕴、先进的现代文化、文化产业发达等特征。

(二)都市精神

都市精神又称城市精神,是城市文化最本质、最深刻的体现,是一个城市的内在品质和积极的价值取向,是城市现代化的重要内涵。它既反映了城市物质文明、政治文明和精神文明的现实水平,又对提高城市的现代化水平和文明程度具有重要作用。城市精神是一个城市发展的灵魂,是凝聚人心、展示城市形象、推动城市发展的不竭源泉和内在动力。

在推进现代化的进程中,人们越来越认识到城市精神对提高城市文明程度,增强城市的向心力、凝聚力的重要作用,城市精神已经成为一个城市塑造崭新的城市形象、提升城市竞争力的重要举措。城市精神是城市形象的核心内核,从更深层次塑造城市形象。它是城市风气在精神层面的积淀与升华,又对城市风气具有强大的引领作用,为城市的现代化提供精神动力和环境支持。

三、历史文化资源

(一)历史文化资源的内涵和特点

1.历史文化资源内涵的界定

何谓历史文化资源?第一种观点认为,历史文化资源是以文化形态存在的社会资源,它是人类社会进步的纪录,是人类创造的物质财富和精神财富的积淀,是社会文明的结晶。第二种观点认为,所谓历史文化资源,是指历史文物、古迹、历史遗存。第三种观点认为,所谓历史文化资源就是指人类历史文化遗存诸多实体当中具有独特功能、现代资财功能、能够科学合理开发利用,甚至进行扬弃升华的部分。从这一界定可以看出,它至少包括以下四层内容:

第一,强调实体性,必须是现存实物、原始记述、口授真传、艺术样式或规范的习俗、技能等。

第二,其次强调独特的不以人们主观意念为转移的客观功能,以保证认定的客观公正性和功效性。

第三,必须坚持客观的从众、从重、从细、从严的原则,在当代市场经济中和人类社会整体发展水平下,评价其现实价值和资财价值。认定为历史文化资源,必须具有当代重大的物质财富和精神财富价值。

第四,能够科学合理地开发利用或扬弃升华。这一点很重要。比如某些国家级的孤本、珍本文物,尽管功能很强,价值很高,却不能随意开发利用。始皇陵、乾陵、某些深海沉船,当前科技水平也不允许轻易发掘。还有一些文化遗存的展出、复制、旅游、创意性地重新构建,都会经常涉及科学合理的度量、限制问题,保护和开发的矛盾问题,甚至涉及可持续发展等经济社会难题,涉及国家政治、经济、文化、环保的方针政策。

归纳以上观点,本书认为,所谓历史文化资源主要就是指人类过去发生的事物所产生的影响而成为满足人们精神需求的精神要素以及附着在物质上的精神要素。历史文化资源按时间顺序,可以把它们分为上古资源、中古资源和近现代资源等;按地域方位,可以分为藏文化资源、中原文化资源和巴蜀文化资源等;按属性则可分为物化型资源和精神型资源、交叉性资源三大类。

2. 历史文化资源的特征

(1)客观性

和现实文化资源的主观创造不同,历史文化资源属于过去形成积累起来的文化资源,具有客观存在性,一经形成,就不以人们主观意念为转移。

(2)公共性

历史文化资源具有鲜明的公共性。历史文化资源是在人类文明进程中由全人类共同创造;历史文化资源是人类社会共同的财富,能为整个社会公众服务。

(3)神秘性

由于历史文化资源通常是在历史上所形成,其神秘性往往对后世公众有着强烈的吸引力,为他们所好奇。

(4)时代性

历史由众多的不同时代组成,不同的历史时代发生的不同历史事件往往带有鲜明的时代性。具有不同时代性的历史文化资源,越是离现实久远,品相越高,价值越大。

(5)知识性

由于历史文化几乎蕴涵了人类以往所有的知识,使得历史文化资源显示出浓厚的知识性。通过历史文化资源,人们可以大大丰富知识储备,提高修养与智慧。

(6)教育性

历史文化资源具有强烈的教育性。历史文化资源是先人们一代又一代用劳动和智慧构筑家园的见证,也是无数英雄豪杰不朽业绩的剪影。利用历史文化资源教育民众,通常会产生强烈的感染力。

(二)历史文化资源的功能

1.传承功能

其历史文化资源宛如一座桥梁，为人们认识历史、直面现实、走向未来提供了不可或缺的精神养料。

2.经济功能

历史文化资源是传统文化的载体，具有经济稀缺性。将其和当代的经济生活有机地统一起来，既能使历史文化资源得到可持续发展，又能使当代经济出现新的增长点。

3.艺术功能

众多的历史文化资源为丰富现代文化内涵提供了有效平台。欣赏历史文化资源，有助于愉悦身心、提高情趣，最终促成整个文化品位的提升。

4.生态功能

通过历史文化资源反映的人类利用自然和改造自然的历史状况，探索和揭示人类社会活动与自然生态环境之间相互联系、相互作用的演变规律，有利于当代社会的科学发展。

充分发挥历史文化资源在社会发展进程中的积极合理的作用，是历史文化资源功能和价值研究的最终目的。

四、民族文化资源

(一)民族文化的定义

1.广义的民族文化定义

广义的民族文化定义即普遍意义上的民族文化定义，是指一个民族在长期的历史发展中共同创造并赖以生存的一切文明成果的总和。这一成果包括物质方面的、精神方面的和介于两者之间的制度方面的成果。其中，物质方面的成果实质上就是民族在物质生产活动中创造的全部物质产品，以及创造这些物品的手段、工艺、方法等；精神方面的成果是观念性的东西，通常以心理、观念、理论的形态存在；制度方面的成果是精神成果的外显，是人们反映和确定一定的社会关系并对这些关系进行整合和调控而建立的一整套规范体系，包括政权体系、法律法规等。

2.狭义的民族文化定义

狭义的民族文化专指民族的精神创造,它着重人的心态部分。其实,人类文化很难将物质创造和精神创造截然分开。所有以物质形态存在的创造物,都凝聚着创造者的观念、智慧、意志,这些都属于精神的因素。之所以提出狭义民族文化概念,就是要排除纯粹的物化自然世界,集中研究人类自身的心理状态。因此,狭义的民族文化也可以说是民族人文文化,是民族在长期的历史发展中经传承积累而自然凝聚的共有的人文精神及其物质体现的总和,包括科学技术、文学、艺术、思想道德、价值观念、宗教信仰、语言文字、风俗习惯和民间工艺等。

(二)民族文化与其他相关文化的关系

1.国别文化

国别文化是以国家为划分文化的社会依据,以国家特有的历史与国情为基础,有着鲜明的民族特色和地域特色的文化。我国的国别文化就是中国文化,也称中华文化。中华文化与民族文化的关系:其一,多元的各民族文化,在历史发展过程中,互相交流,互相吸纳,互相浸透,互相促进,多角度地交融,全方位地契合,形成了多元一体的格局;其二,汉民族文化作为主流文化在中华文化的历史发展中,起到了引导、团结和凝聚各民族文化的主导作用。

2.传统文化

传统文化在我国是指以中华文化为源头的、中国境内各民族共同创造的、长期历史发展所积淀的文化,它强调的是文化的本源和沿着这个本源传承下来的全部文化遗产,是迄今为止中华民族经过筛选、淘汰,不断丰富又不断发展的人文精神的总和。民族文化与传统文化两者之间的关系体现在以下三个方面:第一,每个民族都因区域和发展程度的差异而形成了自己的传统文化;第二,任何一种民族传统文化,在各个历史时期,都要受到其他民族文化的影响,引进和吸纳其他民族文化的成分,这些被引进和吸纳的外来文化一旦与自身的文化相结合,它便也就成为这个民族的传统文化的一部分;第三,民族文化的丰富和发展是在传统文化的基础上实现的,如果离开了传统文化,民族文化的发展就成了无源之水、无本之木,民族文化就不成其为民族文化,就会失去民族特色,就失去存在的价值和意义。

3. 主流文化(强势文化)

在同一文化系统中,处于主导地位、决定共同体文化发展方向、起着团结和凝聚其他文化作用的文化就是我们通常所说的主流文化或者说是强势文化。民族文化与主流文化(强势文化)的关系体现在以下三个方面:

第一,由于历史发展条件和文化本身的结构、功能等方面的特点,不同民族的文化在发展中,在这一或那一历史时期,相对而言,有比较昌盛、发达、普及的;也有昌盛、发达、普及的程度稍差一些的。但是每一个民族的文化都不会因此而失去其鲜明的民族特色。由于每一种民族文化都是独特的,所以作为一种价值而言,它们均处于平等的地位,对于这一或那一民族本身说来,都是同样重要的,对于中华文化的形成和发展都是不可缺少的。

第二,在中国历史上,汉族社会的物质生产力的发展水平以及与这种生产力水平相适应的生产方式始终处于领先地位,这就决定了其文化的发展也处于领先,在中华文化共同体的形成和发展中起主导作用,影响、团结和凝聚着各民族的文化。

第三,多元的各民族文化,在历史发展过程中与汉族文化相互交流、相互影响、相互浸透、相互促进。

五、企业文化资源

(一)企业文化的内涵和特点

1. 企业文化的内涵

企业中通过经营实践和员工行为所累积的除物质产品之外的习性或习惯,以及观念和制度等内容,它是企业思想价值观念、行为、制度的总称。它不是可见可触摸的东西,而是由观念、氛围和规则来构成它的表现形式。稳定的企业都会形成有自己特色的企业文化。

2. 企业文化的特点

(1)积累性

企业文化是一个系统,由许多方面所构成,不是一个随时可以形成和改变的。企业文化一旦形成,就具备了作为思想和行为交流的平台价值。

(2)双刃性

一旦形成,既有利于沟通,又会形成排斥创新和新文化形成的惰性。需要我们善于利用企业文化的力量从事我们所希望的活动。

（3）双重性

当说"每个企业都有自己的企业文化"时，并没有说明这些企业文化究竟是好还是不好，因为有些方面是促进企业发展，有些方面可能阻碍企业的发展。但是，当说一个企业想做企业文化方面的建设时，比如说确立企业的核心价值观或做员工培训时，这个意义上的"企业文化"就是特指好的企业文化。

（4）实践性

企业文化总是与管理实践和氛围相联系的，要实际在具体的企业中感受才能知道这个企业文化的特点。

（二）企业文化作用

1. 导向作用

将员工个人目标引导到企业目标上来，用人性化管理方法。（所谓人性化管理或人本管理，并不是依靠人情的管理，而是把人性化中的优点加以发挥，使企业目标与员工成长、自我实现的目标相一致。）人性化管理是一种重视各种激励因素，引导员工自觉创造的管理。同时，人性化管理也比较注重员工个性、自我实现、沟通、平等等价值的引导和实现。可以说，人性化管理的要求就是企业文化成为管理的具体化。

2. 凝聚作用

企业文化能够提供凝聚力和向心力。好的企业文化具有精神的魅力，能够吸引人才。在企业产品和服务不断同质化的今天，人力资本发挥着越来越重要的作用，一个企业要发展，没有好的企业文化环境和强有力的企业文化建设是不可想象的。企业文化是吸引和留住人才的法宝。

3. 约束作用

对企业而言，没有好的企业文化，企业办不好，或者竞争力不强；而有好的文化，也不能决定企业必胜。但企业文化可以强化企业优势，或减少不良习性对企业的影响。可以说，好的企业文化使企业抗风险的能力大大增强，而且提供了经济效益之外的效益——精神愉快、生活快乐的收获。

4. 促进作用

企业文化可以促进经济效益，或者说有助于促进经济效益。但在思考企业文化的意义时，也不能完全停留在直接追求经济效益上，否则根本建立不起好的企业文化。因为，不重视文化价值的人,不可能有好的文化感受和追求。企业文化是"工夫在诗外"的典型体现。

5.激励作用

文化激励包括营造公平竞争的环境、营造讲效率的环境,高层与员工有更多的沟通,塑造好的企业形象让员工自豪,员工的参与感更强等等。

6.辐射作用

企业文化塑造着企业形象,优良的企业形象是企业成功的标志。包括两个方面:一是内部形象,它可以激发员工对本公司的自豪感、责任感和崇尚心理;二是外部形象,它能够更深刻地反映出企业文化的特点和内涵。企业形象还可能对国内外其他企业产生一定的影响,具有巨大的辐射作用。

六、社区文化资源

(一)社区文化的内涵及基本特征

1.社区文化的内涵

所谓社区,就是由一群具有个性特征且相互联系的人组成的和谐共处的区域或团体。社区是构成社会的基本单位。那么,社区文化是指社区区域共同体包含的文化现象和文化活动,是区域性的。

2.社区文化的基本特征

(1)区域性

这是社区文化的一个基本特征,它反映的是某一特定地域内的社会文化特色。由于受到特定环境条件、居住人口、风俗习惯等方面的影响,各个社区文化呈现出不同的特点。社区文化活动的组织者因素质爱好不同,会对社区文化活动起到不同的导向作用,形成不同的文化风气。

(2)和谐性

社区文化虽然具有一定的地域性,但它也是社会文化的一个组成部分,是社区成员共同建设起来一种群体文化,一旦形成,便成为全社区成员所遵守的一种文化范示,体现出和谐性的特征。

(3)群众性

社区文化是地道的群众文化,群众是策划者、表演者,也是观众和裁判员,它是扎根于社区居民的自娱自乐和自我教育的方式。群众在社区文化活动的过程中,身心能得到充分的愉悦,从而也对他们创造的文化,更容易产生认同感。

(二)社区文化建设在构造和谐社会中的作用

1. 社区文化建设是构造和谐社会的基础

文化是民族的灵魂,是维系民族团结、维护社会稳定、推动社会和谐发展的精神纽带。社区是社会的细胞,和谐的社区是社区居民无限依附的精神家园。社区精神是社区居民所高度认同的共同价值。社区文化所倡导的价值观念、人生态度、生活方式能有效地影响和规范社区居民的行为选择,培养社区居民积极健康的生活方式。

2. 社区文化建设是构造和谐社会的途径

和谐社会的核心是人与人的和谐。社区文化以喜闻乐见的文化活动,丰富了社区的群众生活,提升了人们的精神境界,提高了社区的文明程度,营造了和谐共处的人文环境。

3. 社区文化建设是城市化建设的重要内容

党的十六大提出,要在 2020 年实现全面小康社会。全面小康社会是一个经济更发展、民主更健全、科学更进步、文化更繁荣、社会更和谐、人民生活更殷实的社会。社会越发达,城市化程度越高,城市文化越会成为社会文化的主流,城市社区文化在整个社会文化中也就越具主导地位。因此,和谐社会建设是一项系统工程,它深入到社会的各个方面,从物质基础的经济建设到非物质的伦理道德、精神文化、社会文明和政治文明建设。

(三)加强社区文化建设的意义

1. 有利于树立良好的社区风尚

通过社区文化建设,在社区中树立正确的价值观念和良好的行为规范,倡导健康文明的生活方式,使社区形成健康向上和相互关爱的文化氛围,使居民自觉树立良好的社会公德和家庭美德,努力形成高尚文明的社会风尚。

2. 有利于融合社区的人际关系

通过社区文化建设能够创造更多的交流和参与社区活动的机会,增进社区居民之间的沟通和了解,使习惯不同的人之间能彼此认同,使心理隔阂的人之间能够彼此宽容,让人们充分关爱社区大家庭的快乐和温暖,促进人际关系的和睦融洽。

3. 有利于提升社区的凝聚力

通过开展各种有益的文化活动,吸引广大居民积极参加社区的文化生活,可以有效地从心理和文化层面增强居民对社区的认同感和归属感,不断提升社区的凝聚力和向心力。

4.有利于营造和谐稳定的社会环境

通过社区文化建设能够有效清除各种不良现象的影响,避免各种不健康思想的侵蚀,从而促进人的身心和谐及整个社会大环境的和谐稳定。

本 章 小 结

文化资源是文化产业基础性、核心性的要素。科学理解文化资源性质及特征,把握文化资源开发规律,深入挖掘文化资源的文化价值和经济价值,坚持创新,实现文化资源的产业化开发,是我国文化产业发展的必然趋势。

思 考 与 探 讨

1.如何理解文化与资源的内涵?

2.文化资源是怎样分类的?

3.文化资源都有哪些作用?

4.如何认识都市文化与都市精神?

第二章 地方文化资源开发

地方文化资源是地方政治、经济、文化和社会发展所形成的历史积淀,是一种不同于其他地域、民族文化的标志性人文、自然表象及其社会活动,具有极其鲜明的地方文化特色和魅力。开发和利用地方文化资源,推动和发展地方经济,已成为地方经济社会可持续发展的关键所在。

【学习目标】

1.掌握地方文化资源的内涵。

2.了解地方文化资源开发的原则。

3.掌握地方文化资源开发的过程。

4.了解地方文化资源开发的思路。

5.认识地方文化资源开发的模式。

第一节 地方文化资源开发概述

一、地方文化资源开发内涵的界定

(一)地方文化

任何一个国家、一个民族和地区都有属于自己的文化。地方文化,顾名思义,是具有地方性特色的文化。"地方"是强调文化所隶属的区域,是相对于中央而言的。可以指一个省、市、县所具有的文化,也可以是一个乡镇、一个农村的文化,主要是空间上的范围。另外,关于地方文化强调的是当地人们的生活样式、精神面貌以及在漫长的历史长河中所创造的独特的物质文化和精神文化,包括器物、习俗、信仰、艺术等层面。所以地方文化体现了某一地区人们在长期的共同生活中创造形成的相对稳定的物质文化与精神文化的总和。它是本地人们日常生活中耳濡目染、亲身接触和体验的文化(如饮食文化、服饰文化、本地历史文化等），主要特点是地方性、通俗性、生活性、亲密性和潜在性。本书中所界定的地方文化是指某一地区人们在长期的共同生活中形成和创造的、相对稳定的、与当地人们生活密切相关的物质文化和精神文化的总和。

（二）地方文化资源

文化是人创造的，地方文化就是人为了适应具体的自然环境和社会环境而创造的，是特定地方特定群体共享的精神生活与物质生活的全部。它是人的生物需要和社会需要协调的统一体，也是人与自然及社会协调的统一体。长久的特定的地域生活，人与地方易于形成有机的互动关系，并逐渐养成特有的地方趣味与地方感觉，这种趣味与感觉构成了地方文化深层内涵，并明显地体现在地方生活方式、地方历史记忆、地方人物传说中，其精粹部分，更多地指向这些现象所隐含的规则、理念和所包容的信仰，成为维系地方文化生态的重要力量，是地方社会良性运行的精神保障。可见，地方文化资源是人们为了适应具体的自然环境和社会环境而创造的，是特定地方特定群体共享的精神生活与物质生活的全部。它是人们的生物需要和社会需要共同协调的统一体，也是人与自然、社会统一协调的统一体。

（三）地方文化资源的开发

根据以上对地方文化、地方文化资源的界定，笔者认为，所谓地方文化资源开发就是指为发挥、提高和改善文化资源的利用率，并使文化生产顺利进行所采取的一系列技术经济措施与活动，这种开发的实质，是尽可能地发现和利用各种文化资源，通过劳动加工，使其具有较高的文化价值的产品。

二、地方文化资源开发的原则

（一）地方文化资源有效利用与可持续发展的原则

地方文化资源以精神内涵为主要存在形式，其最大的特点就是可以多次开发和重复利用，这决定了它具有其他资源所没有的强大生命力和巨大开发价值。文化生态是一个比自然生态更为复杂的系统，文化资源开发必须坚持可持续的开发观。可持续开发就是要实现文化资源的优化配置与和谐利用，坚持开发与保护并重，实现既满足当代人需要，又不对后代人满足其需要的能力构成危害和破坏的开发。文化资源是人类共有的，既应该允许当代人平等享受，也应该保持代际间的公平分配与利用，反对只为满足自身需要而损害或剥夺他人或后代人平等开发利用的权利。从这个意义上说,可持续开发是文化资源开发利用的灵魂。

(二)地方文化资源合理开发兼顾社会效益与经济效益的原则

地方文化资源开发首先是一种经济活动,而经济活动的目的就是要追求利润最大化。没有经济效益,开发者无法维持再生产,文化产品的转化必将难以为继,而开发适销对路的产品,有效地占领和扩大市场,力争获得可观的经济效益无疑是一切商品生产及销售的出发点和归宿,也是符合地方文化资源开发的经济目标的。但是,文化产品毕竟有自己的特殊性,文化本身具有宣传、教育、认知等方面的社会功能,有鲜明的意识形态的精神属性。从根本上说,在地方文化资源开发方面存在一个社会效益的要求,其产品应是健康向上的,融知识性、娱乐性与思想性于一体。

(三)地方文化资源开发的价值判断与选择性开发的原则

针对不同民族文化资源的功能进行科学的选择性开发:其一,对于那些实物化的,比较直观、单一的,具有实用功能的文化资源,比如少数民族服装的佩物、装饰品等,适合就本身的应用功能在风格方面进行模仿性生产,同时在质地、色彩、图案等方面进行艺术创新,满足人们个性化、多样化需求;其二,对于那些具有教育功能和观赏功能的文化资源而言,其开发必须进行价值判断,尊重这类资源所蕴含的该民族的精神财富,开发其符合时代要求的内容。

(四)地方文化资源开发注重传统文化与现代文化结合的原则

现代化建设是为了社会的进步和人们生活质量的提高,但是,现代化绝不是无源之水、无本之木,传统文化所积累的人类的文明成果奠定了现代化的物质和精神基础。传统文化又是每个民族和国家历史的象征,其独特性和内聚力是该民族立身于世界民族之林的资本。在当代国家之间的竞争和较量中,文化日益成为综合国力的重要内容,是现代化建设的历史基础。经济的发展只能解决我们生存的基本问题,但如何才能生存得更好,更有价值,使自我价值的发挥得到更宽阔的拓展,并从中发展出一种新的人文精神,是需要在原有的人文资源的基础上,用文化和艺术的再发展来解决的。开发和利用人文资源不仅能产生新的人文精神,同时也能创造新的经济价值,因为现在的人们不仅需要丰厚的物质享受,也需要高尚的精神享受。

（五）地方文化资源的开发与法制有效性的原则

就目前我国地方文化资源开发过程中存在的许多问题,尤其是对于普遍的掠夺性开发、破坏性建设而言,缺乏法制建设和藐视法律的尊严,其结果将会是毁灭性的。法制的内容,不仅仅是立法,还包括执法以及公民们的法律道德水平的提高。比如就立法而言,我国目前仅仅有文物保护法,然而对文物保护的执法又往往与一些地方政府追逐经济利益的冲动相冲突。地方文化资源转化为产品首先是一个经济行为,而经济行为就要采取企业化运作的方式,进行产业化建设。因为,市场经济有自己的游戏规则,遵循市场游戏规则才不会被淘汰出局。同时,社会越是发展,人们的个性化、多样化需求就越是得到尊重。资源开发的目的仍然是提供文化产品和文化服务,通过商业运作,通过市场把艺术家、经纪人、生产商、销售商、消费者等不同的参加者联系起来实现文化价值转换成为经济价值。这个原则同样体现了尊重市场规律,是实现民族文化资源成功开发的现实渠道。

（六）地方文化资源开发综合发展与整体协调的原则

开发文化资源、发展文化产业是一种集多种要素于一体的综合行为,必须与当时当地的社会、政治、经济、科技以及人们的文化素质水平相协调,必须建立健全有效的协调机制。这至少应该包括以下几个基本的方面,即政府管理部门与开发者的协调,民族文化的传承和民间技艺的培训与面向民众的宣传教育的协调,保护投入与开发收入的协调,长远目标和短期目标的协调,外来投资收益与当地社区利益的协调,区域之间特别是行政区划间的协调。只有进行这样的协调,才能有效避免文化资源开发的雷同及低层次的同质化竞争。

三、地方文化资源开发内容

（一）有形文化资源

有形文化资源是指已经出土的和尚埋藏在地下的各种文物。可移动的文物包括历史典籍、艺术品、及其他各类器物;不可迁移的历史遗迹包括建筑、壁画、聚落、石刻等,其中部分器物和建筑仍在使用。如历史遗存遗址、特色民居建筑、历史文化名城名镇、特色服饰、民族民间工艺品等等。

（二）无形文化资源

无形文化资源是指以人为载体,依赖人的声音、形体动作、表演等人的行为而表现的文化形式,如世界口头与非物质文化遗产、节日、信仰、仪式,以及语言文字、文学艺术、绘画美术、音乐舞蹈、神话传说、风俗习惯和民族节庆等。

（三）历史文化资源

历史文化资源指人类活动的遗址、遗物和其他有历史与纪念价值的遗迹。

1.遗址

漫长的中国历史上，不同的朝代、不同的诸侯国、边塞邦国、小王国都有自己的都城。经过千年的风雨沧桑，大多数均只留下遗址。

2.古人类遗址

古人类遗址是指人类的起源到有文字记载以前的人类活动遗址。人们通过对古人类遗址的观赏可获得有关人类起源与进化、史前人类住所、生存环境、生产和生活工具等方面的知识。

3.历史与纪念价值的遗迹

我国历史上由于各派割据势力之间的冲突和新旧势力的争斗曾发生过不少的战争。

4.名人遗迹

名人遗迹包括历代名人故居、名人活动遗址以及相关的纪念性文物与建筑。

5.近现代重要史迹

主要为鸦片战争以来所留下的革命遗址、革命遗迹、重要会议会址、烈士陵园、纪念性建筑物等。

（四）民族文化资源

本民族具有的独特文化，简单地说就是这个民族有其他民族没有的能够代表本民族特色的文化，包括少数民族文化、婚俗文化、都市文化等，如木偶、地方戏曲、传说故事等。

（五）宗教文化资源

宗教文化是我国传统文化的组成部分，宗教建筑、雕塑、绘画、音乐等是我国传统文化的瑰宝，有些佛教石窟造像、道教宫观壁画等，更是稀世国宝，以成为著名的旅游资源，如祭神、祭祖、求神拜佛、祈雨祈福等。

第二节　地方文化资源开发过程

一、地方文化资源开发的思路

地方文化资源的开发利用,要始终坚持保护为主、抢救第一和有效利用,开发利用必须有序、科学和节制。

首先,要制定开发建设规划。规划在制定、论证过程中,广泛听取各方面的意见,必须有环保、旅游、城建、文物、园林等有关行业主管部门的专业人士充分参与其中。科学的规划一旦实施,相关的各级政府部门有责任保持规划的权威性、连续性。

其次,文物资源、民俗文化资源的开发,要力避盲目的人工化、商业化、城市化等急功近利的破坏性行为,严格控制文物保护区内现代化设施的建筑比例,最大可能地保持历史文化古迹的完整性和真实性。

最后,坚持历史文化资源开发经营管理机制创新原则。文物和旅游以及其他相关产业行政管理部门,应本着有利于资源统一有效的保护、管理和协调发展,有利于施展各相关行业职能部门执法、执纪效力,有利于形成大市场、大产业原则,加快文化旅游业经营管理机制的创新。研究使文物景区经营权与所有权分离的可行性机制、完善文化旅游产业化,实现文物资源有效保护和合理开发利,用良性循环来协调资源保护、利用二者关系。要建立健全一套行之有效的监管体系和运用市场化手段,创新经营管理体制,广开筹资渠道,加大文物资源保护与开发利用的资金投入。

二、地方文化资源产品开发

（一）主题开发

无论何种形态的文化资源,能够打动人心的都是蕴藏其中的精神形态层面的文化内涵及文化精神。文化资源的主题开发就是对其精神形态层面的深度挖掘,凸显其文化内涵。比如,对于中国传统建筑,不仅要让游客了解其独特的工艺、辉煌的艺术成就,更要让其体会到中国传统文化中"天人合一"的精神和建筑体制的伦理内涵;对于江南园林,不仅要让游客欣赏其玲珑精巧,更要让游客理解它"虽由人作,宛自天开"的造园理念。主题作为文化资源开发的核心,必须个性鲜明具有特色,具有强大的市场吸引力与优势;特色,就是文化资源的差异性、新奇性、神秘性,能刺激人们的好奇心,产生欣赏与体验的动机和欲望;优势,就是与区域内其他特色文化资源相比,其特色是否鲜明,具有竞争力。因此,主题的塑造,需要在客源市场调查与文化资源分析的基础上,突出本地历史文化特色,同时规避或减少重叠性的市场竞争,形成自己强大的竞争优势。

(二)区域整合开发

我国广阔的经纬跨度、独特的地理地貌和气候植被,加之各地多姿多彩的社会生产生活实践,形成了各具特色的地方文化资源。由于地域的区隔、开发程度的差异及人为因素的分割,这些文化资源往往处于零星分散、孤立的隔离状态,未能整合起来。因此,地方特色文化资源开发的重要路径就是对其进行有效整合。所谓整合,就是激活文化资源要素,将分散、孤立的文化资源系统化发掘考证,使其建立起有机的联系,形成文化资源的整体合力,使分散的、呆滞的文化资源变成系统的、有活力的现实资源。区域资源整合的关键是必须有能被市场接受、富有创意的文化主题。也就是通过资源整合,形成主题化、市场化的文化产品。在这里,主题就是各种文化资源要素间的结合点。一旦各种零散的文化资源在统一的主题下形成一个完美的整体,一个全新的链接,那么,文化经济附加值就产生了。这个过程在理论层次上实质是通过聪明地利用资源中的文化信息而不是单纯地利用资源本身,是用想象力和创造力激发产生出的一种创新。

区域文化资源的整合,依赖于特色线路的连接。一条与主题相符的特色线路能把各个地点的文化资源连接起来,从不同角度展示主题文化,能起到很好的过渡作用,让旅游者在不同的资源地转换时不会形成心理反差,很自然地保持了各个文化资源的连续性,旅游者也从一个立体的、全方位的角度来感悟主题。

(三)多层次开发

文化资源存在不同的形态,文化资源的多层次开发就是通过其形态的变换来对其文化内涵实现多层次、多角度、多渠道的呈现。2004年,广西"印象·刘三姐"山水实景演出是多层次呈现文化资源、开发主题性文化产品的成功案例。"印象·刘三姐"山水实景演出打破民俗文化资源开发传统的民俗陈列模式,创造性地利用"桂林山水甲天下,阳朔风景甲桂林"的得天独厚的地利条件,选址在桂林阳朔的漓江与田家河交汇处,以山为背景,以水为舞台,以明月星辰相伴,与远、近木楼渔村相拥,将刘三姐的经典山歌、山水实景、民族风情、漓江渔火等不同形态的刘三姐文化资源元素创新组合,采用"全景式、大舞台、总调度"的构思,成功地诠释了人与自然的和谐关系,创造出天人合一的完美境界,从而取得了巨大成功。

（四）氛围营造开发

氛围的营造可以烘托文化资源开发的主题。一个恰当的氛围不仅给文化资源的展示、旅游活动的开展提供一个良好的背景环境,而且有助于旅游者融入景区环境,强化旅游者的感受,使其更加容易领会文化资源的文化内涵。氛围的营造主要通过改善和优化自然、人文、服务环境来实现。文化资源周围的自然环境应得到有效的保护,使得自然环境与历史文化资源相得益彰;人文环境的营造应围绕着历史文化资源的主题文化来展开,建筑、摆设、饰物等都应有利于文化氛围的烘托,应避免周围现代化人文建筑破坏整体意境;同时,应通过科学管理建立高素质的服务人员队伍,提供完善的人性化的服务。

三、地方文化资源市场开发

（一）体验式开发

大部分情况下,顾客在消费一项文化产品时,所体验的个人主观反应和感觉正是其吸引力所在。因此,文化资源开发的本质是为顾客提供一种或多种经历和体验,应进行体验式开发。体验式开发需要设计有吸引力的体验主题,体验主题如同一篇文章的中心思想、一首乐曲的主旋律,缺乏主题的体验设计只能带给顾客混乱的印象甚至"负体验";提升服务的体验价值,比如,旅游产品的体验化设计、导游人员的人性化服务、餐饮服务中的体验氛围等都可以提升旅游服务的体验价值;展示体验式有形物,通过将无形的旅游服务转换为能够被评价和与竞争者相比较的有形提供物,如员工旅行的小册子、酒店的装潢等,将服务利益需要转换成能给顾客带来高水平体验的迹象,这是企业进行营销活动极其重要的手段和工具;营造互动体验氛围,通过服务员工的服装、服饰和风度,服务设施的照明、温度和色调,服务场景的空间布局、美学展示,以及服务过程的游客参与性、互动性等,改善游客与服务员工、服务环境、游客与游客的互动界面,营造旅游互动体验氛围,提高游客的体验感知;重视对游客的感官刺激,适当地刺激游客的视觉、听觉、嗅觉和触觉等。

（二）新媒体开发

当前,多媒体技术的迅猛发展,各种信息和娱乐的虚拟世界正在重组人们的时空感,抹去现实与影像之间的区别,制造文化体验的新形式,同时对文化产品的传播带来深刻影响。

在电子时代,通过数字化地复制信息,文化产品原件与复制品的差异已被取消,"真实"已被清除,"仿真"与实体之间的界限已经模糊。因此,当前的技术手段使文化产品呈现出"超自然""超真实"的令人震撼的特征。人们获得文化体验可以不与初始资源产生直接的联系,甚至这种体验也不必忠实反映资源所蕴藏的文化内涵。于是资源的丰富性和潜在意义在人们各自的解读中得到了更为充分的发挥和再现。在这样的技术条件下,媒体在整个文化产业链中的作用将举足轻重。因为文化产品往往是相对静态、相对单一的形式,且受到一定时空的限制。当把这些产品通过媒体向大众传播的时候,后者选择的渠道和运用的手段在相当程度上决定了文化产品的可接受程度及影响的广度和深度。

文化资源的新媒体开发,就是在多媒体技术条件下,分析研究各种类型媒体的特色和功能,寻求文化资源开发的各个环节与媒体的最佳契合点,挖掘文化产品和媒体契合中能够最大限度吸引眼球、展现其独特魅力的部分。

(三)错位开发

一定区域内互有关联又各有特色的文化资源,为了避免相互竞争,可以采用互补性的错位开发。错位开发的关键是各区域要发挥自身特色,找准定位。比如,对于四川省道教文化资源的开发,成都市的青城山道教文化在全省范围内是道教文化资源最为集中、外界影响最为显著的区域,可作为四川道教文化旅游开发的龙头和标志,主要进行以道教文化和青城山色为主要内容的旅游开发;绵阳的七曲山,可突出其全国文昌庙祖庭的特殊地位,与古代科举文化、士子文化结合进行开发;眉山的瓦屋山,可与当地的羌族文化结合起来,重点展示道教文化与少数民族文化的结合。

(四)精品带动开发

对于特定区域内旅游文化资源的开发,如果区域内没有精品景区,对距离远的游客就没有吸引力。如果仅有一两个孤零零的景点,只能搞一日游、半日游,即使再有名气,游客也不会不远千里专门来游览。游客一般会对某个精品景区慕名而来,但其他景区也要顺便看看。只有既有精品景区,又有一般景区的产品组合,才能做到既吸引来游客,又延长其滞留时间,增加旅游综合效益。因此,旅游地客源市场的开发,可根据区域内旅游资源和国内外市场实际,选择一两个品位高、基础好、开发价值大的景区,科学策划,大力建设,精心包装,重点推广,以精品吸引游客,附带推销相邻景区。

第三节　地方文化资源开发的模式

一、地方文化资源的基础性开发模式

文化资源基础性开发是一种传统型开发，以资源型文化产业和制造型文化产业为发展模式，包括文化旅游开发模式、主题公园开发模式、节庆会展开发模式和文化地产开发模式等。

（一）文化旅游开发模式

地方文化资源的开发首选模式就是与旅游产业的融合，实施文化旅游开发模式。文化是旅游的灵魂，旅游是文化的重要载体。文化旅游开发模式，可以实现"以文化提升旅游的内涵质量，以旅游扩大文化的传播消费"的综合效益。国家有关部门和地方政府通过联合举办、政策优惠、资金补贴等多种方式支持文化旅游节、打造旅游演艺产品，开发文化旅游产品，打造文化旅游品牌，鼓励旅游度假区的连锁经营。2014年，国家制定多项政策推进文化与旅游的融合发展，大力"支持开发康体、养生、运动、娱乐、体验等多样化、综合性旅游休闲产品，建设一批休闲街区、特色村镇、旅游度假区，打造便捷、舒适、健康的休闲空间，提升旅游产品开发和旅游服务设计的人性化、科学化水平，满足广大群众个性化旅游需求。加强自然、文化遗产地和非物质文化遗产的保护利用，大力发展红色旅游和特色文化旅游，推进文化资源向旅游产品转化，建设文化旅游精品。加快智慧旅游发展，促进旅游与互联网融合创新，支持开发具有地域特色和民族风情的旅游演艺精品和旅游商品，鼓励发展积极健康的特色旅游餐饮和主题酒店。"文化旅游开发模式需要资源评估、市场分析、主题策划、产品组合、活动组织、环境营造等诸多环节来实现文化资源的旅游综合开发。其中，以山水实景旅游演出为例。以"印象·刘三姐"2004年桂林公演为起点，实景演出在中国已经发展了10年，期间涌现了数百个实景演出，品质参差不齐，经营高低不同，其中的代表为王潮歌的印象模式和梅帅元的山水模式。实景演出重新彰显了山水的审美价值，是以中国人特有的美学理念对自然山水的再生产和再体验。因此，实景演出的核心在于发现因地制宜的山水价值。对山水资源的尊重、敬畏和守望，是实景演出制作的基本心态。对山水价值的文化挖掘是实景演出制作的基本开端。在这里，山水不是一种被征服的文化对象，而是一种

被照亮的审美客体。实景演出收获的不只是由于游客驻足时间的延长而支付的额外花销,还是游客在对山水价值从膜拜、展示到体验的复合转化中的价值认同,在山水物境与情景场域中,以身心的交融去感受中国的山水精神。实景演出是表演艺术,是旅游业融合自然之美与人文之美的"软创新"努力。实景演出是一种巧创新,是科技创新与文化创新的融合创新,是一种超越旅游的红海与文化的蓝海的创意创新。

（二）主题公园开发模式

主题公园(theme park),是为了满足旅游者多样化休闲娱乐需求和选择而建造的一种具有创意性活动方式的现代旅游场所,是根据特定的主题创意,以文化复制、文化移植、文化陈列以及高新技术等手段,以虚拟环境塑造与园林环境为载体来迎合消费者的好奇心,以主题情节贯穿整个游乐项目的休闲娱乐空间。1955年迪士尼乐园的诞生在全世界推动了这种新型的文化资源开发模式。1989年,深圳锦绣中华作为中国第一个主题公园开园,中国进入主题公园发展的快车道。特色文化资源的主题公园开发模式主要依托所在地的文化资源,以主题公园的模式进行资源开发。文化资源开发型主题公园分为名胜微缩、历史再现、文化表现、风情展现、科技娱乐和绿色生态等多种类型。当然,随着经济社会的发展和人们审美需求的提高,名胜微缩型的主题公园日渐淘汰。文化资源的主题公园开发应注重文化氛围的真实营造,从真实的历史文化入手,进行保护性开发,以引导人们去体验真实的文化,在真实的文化情境中去了解历史、解读历史和体验历史。主题公园开发模式是以主题性、情景化、立体性、空间感的方式呈现了文化资源的体验价值,主题公园的核心就是体验。影响主题公园体验价值的核心要素包括体验主题的凝练与提升、体验项目的设计与更新、体验活动的构思与变化、体验场景的布置与渲染、体验服务的完善与优化以及体验回忆的再现与沉淀等诸多方面。

（三）节庆会展开发模式

节庆会展开发模式指以传统节庆、定期会展为载体和平台,在一段时间内通过对区域文化资源的全方位整合和综合性发掘,最终实现节庆经济和会展经济综合效益的文化资源开发模式。节庆会展不仅可以促销产品、展示企业,还能对区域形象的提升和区域品牌的传播起到积极的推进作用。节庆会展开发模式是一种事件经济和活动经济,通过区域总动员的全方位整合,推动区域各要素的综合配置,构建价值网络效应,起到经济的辐射和产业的拉动作用。节庆会展的经济影响包括门票收入、商品销售收入、旅游拉动收入和周边产业经济辐射收入,形成一种规模化长期性的商业价值、经济影响和社会口碑。节庆会展作为一种准公共文化产品,以政府扶持为辅、企业经营为主。节庆会展的策划要紧贴区域内的文化资源和社会中的时代主题,以高度整合地方文化资源为出发点,以市民参与和顾客体验为目标,提升内涵化的文化价值和精细化的服务品质。

(四)文化地产开发模式

作为一种新的地产模式,"文化地产"的提法至今还是一个行业术语,社会各界对其褒贬不一。作为一种客观存在的房地产业与文化产业的融合模式,文化地产开发模式是房地产企业为了在激烈的市场竞争中获得优势,以文化创意作为转型升级的途径,以文化资源作为竞争力要素实施的一种差异化和品牌化的开发模式。文化地产也是文化资源寻求地产载体所尝试的一种文化创新。文化地产的典型特征是将文化艺术融入地产开发,以主题社区、文化小镇、艺术商场、旅游地产等形式提高地产业的附加价值,是现代服务业的一种创新业态。如以 K11 为代表的文化商城(文化 MALL),就是一个将艺术、人文和自然三大核心元素融合,将艺术欣赏、人文体验、自然环保和商品购物等充分结合的时尚、创意商业品牌。文化地产要以鲜明、独特的文化资源为核心。目前的开发模式中以旅游地产居多,包括自然风光型、人文景观型、主题公园型、乡村旅游型和休闲购物型。文化地产开发模式大致包括休闲地产型、体验地产型和产城融合型。文化地产的关键是主题策划、整体规划、故事挖掘和社区营造。文化与地产的结合是现代服务业的一种创新业态,是文化发展与地产创新的发展结果。

二、地方文化资源的深度性开发模式

地方文化资源的深度性开发模式是一种创新型开发,以内容型文化产业和生态型文化产业为发展模式,包括创意产品开发模式、科技创新开发模式、特色产业带开发模式、生态博物馆开发模式和"文创造镇"开发模式等。

(一)创意产品开发模式

地方文化资源的深度性开发是结合创意、科技等手段,挖掘文化资源的符号象征系统和精神价值系统,通过影视、动漫、音乐、舞蹈等文化产品而实现的开发模式。文化资源的创意产品开发模式是一种可持续、可循环的资源开发模式。文化资源的基础性开发是以服务为中心、以空间为载体的文化资源开发模式,文化资源的深度性开发是以产品为中心、以

第二章 地方文化资源开发

渠道为载体的文化资源开发模式。文化资源创意产品开发阶段一般分为文化商品的创意阶段、生产阶段和流通阶段。基于文化消费的市场分析,寻找文化资源转化为文化产品的价值关键点,激发创意灵感,进行文化资源配置,将创意有形化、资源商品化,并结合市场需求进行创意营销。文化资源的创意产品开发模式分为以当地文化资源为导向的开发模式和以外地文化资源为导向的开发模式。其中,以当地文化资源为导向的创意产品开发模式在地方政府的政策扶持下,摆脱辐射区域在人口总量、结构特征、经济水平和开放程度等方面的制约因素,构建以中心辐射消费区—外围辐射消费区—外围文化爱好者为目标市场的开发路径。以外地文化资源为导向的创意产品开发模式应利用文化多元化的外部机遇,选取高知名度的外地文化资源,构建以同一创意产品为基础的多次产制的开发路径。

(二)科技创新开发模式

地方文化资源的开发借助科技手段,发挥科技创新对文化创意的重要引领作用,凸显文化产业高附加值和高科技含量的新经济特征。文化资源的科技创新开发模式是以市场牵引、应用驱动为原则,通过技术集成和模式创新,整合文化资源,统筹产业发展,通过文化科技的融合,推进文化资源的创意、生产、传播及消费的数字化与网络化进程,深入挖掘优秀的传统文化资源和深厚的文化底蕴,推动动漫游戏等产业优化升级,打造民族品牌,推动动漫游戏与虚拟仿真技术在设计、制造等产业领域中的集成应用。地方文化资源的开发借助科技手段,通过研制文化资源统一标志、核心元数据、分类编码和目录体系、数据格式和数据交换等通用技术标准规范,建立文化资源数据库云平台,促进文化资源整合和共享。要加强文化资源数字化保护和开发利用,重点是要针对文物、典籍、民俗、宗教等各类物质与非物质文化遗产传承和保护的需求,研究突破文化资源数字化的关键技术,研究数字文化资源公益服务与商业运营并行互惠的运行模式,整合各类文化机构传统文化资源,开展文化资源数字化公共服务与社会化运营服务示范。

(三)产业带开发模式

地方文化资源产业带开发模式是以地方文化资源为开发对象、以文化产业集聚区为开发形态、以发展地方文化资源产业为目的的开发模式。地方文化资源一般是指在某个特殊的民族和区域内独具特色的自然生态资源、民俗风情资源和历史人文资源。地方文化资源产业包括特色文化旅游、特色工艺美术、特色表演艺术和特色节庆会展等。由于特色文化资源具有区域集聚性、生态发展性和草根生活性等特点,其开发的模式特别借助于园区、产业带和特色功能区的空间形态,实现区域内文化资源开发的过程互助、开发的成果共享。特色产业带开发模式注重跨区域合作,强调因地制宜。2014年文化部、财政部制定的《藏羌彝文化产业走廊总体规划》,是从国家宏观角度和中央部委的行政高度对文化资源特色产业带开发模式进行的一次高层次的战略谋划。藏羌彝文化产业走廊位于中国西部腹心,区域内自然生态独特,文化形态多样,文化资源富集,通过重点发展文化旅游、演艺娱乐、工艺美术和文化创意等新兴业态,优化空间布局,加强产品生产,推动骨干企业和园区基地发展,扶持小微文化企业,培育知名文化品牌,将会发挥综合的开发效益。除此,国家还在酝酿丝绸之路文化产业带、运河文化产业带等项目规划,实施文化资源的特色产业带开发战略。

(四)生态博物馆开发模式

随着人们对文化资源与生态资源的共生、文化传统与地理环境的和谐关系的日益重视,文化资源的开发采用活态化、生活化、社区化的生态博物馆的开发模式。生态博物馆不同于传统文物典藏的博物馆,是将山明水秀的物理场景和人们行住坐卧的起居空间连接在一起,将某个特定的区域整体作为一座没有围墙的活的博物馆。地方文化资源的生态博物馆开发模式是一种保护性开发,实现了文化的原生地保护,维护了文化生态的可持续发展。传统博物馆以"物"为展示与研究对象,对于无法置入博物馆的大型对象如建筑、古迹,发展出"野外博物馆",将众多被展示的对象集合并且规划为一个区域,以博物馆理念经营,瑞典的"斯堪森民俗村"就是全世界第一个开放的野外博物馆。面对大自然的动植物群落或具有历史价值的古代遗迹、名人故居、城镇等文化资源,保存在现地才能彰显价值,因而发展出"现地博物馆"。现地博物馆的被保存者,不仅包括收藏和展示的本体,也包括周遭文化与环境,具备"广域(全局)保存"与"自然环境与文化资产同时保存"原则,例如金字塔等大型古迹,发展成为展示古代生活现场的"情境博物馆"、历史事件博物馆、考古遗址博物馆等新型博物馆形态。日本在20世纪60年代因为经济发展快速,众多古都老城受到开发冲击,有鉴于零散的古迹和遗址不能完整保存,于是展开"广域保存"。如日本古代朝廷源点"飞鸟地方"的明日香村,设立了"国家飞鸟历史公园",保存的核心地带达47公顷,当地居民更是以社区运动的形式保护了周围约五百公顷的区域。"生态博物馆"是法国人希维贺、瓦西纳等人倡导的博物馆运动,来自生态学和博物馆的集合。他们主张将地域以博物馆观念来思考,将自然生态与历史古迹统一在现代人的生活环境中,以便得到更加完整的保存和更具活化的展现。生态博物馆的规模可以大到区域带、城市,或小到整座村庄或一个文化生活圈,以所涉文化类型的整个区域作为博物馆的范围。生态博物馆通常会有一个"核心馆"作为游客服务中心和集散地,连接区域内数个卫星式的博物馆,形成博物馆网络。卫星式博物馆的收藏和展示方式没有限制,山、海、河、川、动植物、矿山、牧场、农场、渔港、森林、古迹遗址、聚落等,都可以涵盖在内,居民也可以居住其间。例如法国的露可颂生态博物馆,以矿山和相关产业的文化遗址为博物馆的保存对象,十多万居民仍然在区域内生活,游客可以随时与区域内的居民接触、交流。

（五）"文创造镇"开发模式

近年来,城乡一体化成为我国新型现代化发展的战略举措,是现代农业、先进工业和高技术服务业协同发展、融合发展和优化发展的必然要求。"文创造镇"是新型城镇化建设的重要模式,是对"望见山水、守住乡愁"的城乡统合发展目标的双重坚持。"文创造镇",类似于20世纪70年代日本的"文化造镇"和90年代我国台湾的"社区总体营造",就是以地方文化资源为基础,以文化创意和设计服务为手段,以产业融合发展为路径,实现自然生态营建、历史古迹保护、产业协同发展的共生之道。北京市通州区宋庄镇早在2004年就提出"文化造镇"的发展模式,通过文化设施的建设和艺术环境的营造,成为享誉中外的艺术家群落和艺术产业集聚区。2013年8月,湖北省黄冈市为了发展特色文化产业,先后规划了20个特色文化小镇,比如黄州农民画小镇、黄梅禅宗文化小镇、蕲春中医养生小镇、红安红色旅游小镇、麻城根亲文化小镇、英山汉字艺术小镇等,成为地方经济转型和产业升级的重要引擎。"文创造镇"的目标是要在城乡统筹发展中营造一个理想的文化社会,其主要特征有:(1)注重底层创意,重视自下而上的创意驱动;(2)注重产业协同,包容第一、二、三产业的融合发展;(3)注重生态建设,注重智慧智能、以人为本;(4)注重空间营造,把"人、文、地、景、产"等乡镇的多元资源属性统合考虑。"文创造镇"就是要"找到土地草根的力量",找到城镇化发展的文化宝藏,转变为城镇化管理和文化建设的核心资源,最终通过"文化故事"塑造城镇的文化品牌。总之,"文创造镇"的发展目标,在根本上就是将中国积累了几千年粗朴、匠艺、慢活的农耕文明的农村生活方式与现代、时尚、快速的工业文明的城市生活方式的空间融合,重塑了一种"精细的拙朴""时尚的慢活""手工的高雅"的新型生活方式。当前,特色文化产业发展是我国文化产业发展的重中之重。2014年8月,文化部、财政部联合发布《关于推动特色文化产业发展的指导意见》,从国家层面引导推动文化资源的特色开发和有效利用。特色文化资源所彰显的符号象征形式和精神价值系统向外部进行文化辐射而产生感召力和吸引力,表现出文化的软实力。以地方独特的文化资源所建构的文化软实力系统包括四个层面,即外显层面的文化符号系统,外隐层面的文化传播系统,内显层面的文化制度系统和内隐层面的文化价值系统。当然,对文化资源而言,最重要的是文化资源的符号系统和价值系统。文化资源的符号系统是最能代表区域文化形态及其最显著特征的凝练、突出而具高度影响力的象征形式系统;文化资源的价值系统又称为精神系统,指区域生活方式及文化符号表意系统所呈现出的一种微妙而又重要的理念、气质和禀赋,代表区域文化资源的最核心和最幽微的层面。地方文化资源的开发,正是基于文化资源的符号系统和价值系统的感性体验、艺术感悟和理性分析、科学评估而展开的一套创意策划、产品开发和市场推广的产业系统。

本 章 小 结

地方文化资源是一种内蕴潜藏态的资源,它的开发和发展,是一种动态的开放过程,是地方文化资源不断转化为文化产品、实现文化服务价值的过程。

思考与探讨

1. 如何理解地方文化资源的内涵?
2. 地方文化资源开发的原则是什么?
3. 掌握地方文化资源开发的过程。
4. 地方文化资源开发的思路是什么?
5. 简述地方文化资源商品开发和市场开发的内容。
6. 简述地方文化资源开发的模式。

第三章 地方文化资源产业化开发

世界经济一体化的今天,文化正在逐渐成为一个国家和地区"软实力"的代表。同时地方文化的重要性也逐渐上升。文化首先是区域性的,即首先有各种地方文化,才最终构成一国之文化;有各国之文化,才最终构成人类的文化。可以说,地方文化资源产业化开发是整个民族文化大发展大繁荣的前提和基础。

【学习目标】

1. 认识地方文化资源产业化开发的意义。
2. 了解地方文化资源产业化开发的原则。
3. 掌握地方文化资源产业化开发的类型。
4. 掌握地方文化资源产业化开发的内容。

第一节 地方文化资源产业化概述

地方文化资源是区域经济发展的要素之一,是地方文化产业开发发展的前提和基础。随着世界及我国文化产业的快速发展,地方文化资源产业化开发已经成为国家和区域经济发展的重要途径。

一、地方文化资源产业化的意义

第一,地方文化资源产业化开发有助于调整产业结构,促进经济的大幅提升,实现我们的中国梦。

地方文化资源产业化,从本质上讲,是一种经济活动,即借助一定的方法将文化资源转化为文化产品和文化服务。地方文化产业在我国作为一种新兴的产业形态,正是基于对文化资源的不断开发与再造,实现其产业经济价值。我国产业结构的完善需要借助地方文化产业的引导与带动作用。因此,开发利用地方文化资源可以实现地方文化资源的经济价值，与此同时，带动地方文化资源相关产业和部门的发展。地方文化资源产业开发可以由市场调节，以促进生产要素之间的流动、地方文化资源的合理配置，使经济健康发展。同时又可以实现良性循环机制，实现地方文化资源的合理保护与再生，促进经济可持续发展。地方文化产业是中国国民经济的新增长点，从中央到地方各级政府都要抓住大好机遇，加快地方文化产业结构转型与升级，大力发展地方文化产业，推动国民经济的快速发展。

第二，地方文化资源产业化开发有助于增强我国文化软实力，促进对外文化传播。

何为软实力？约瑟夫奈给软实力下的定义是：一个国家的文化和意识形态吸引力体现出来的力量。通俗点讲，软实力就是文化的吸引力。文化软实力在很大程度上要依靠自身文化资源独特优势，一是取决于自身文化资源的特性，比如其稀缺性、自身蕴含的文化价值等；二是要看文化资源的传播效果，也就是说文化资源能否通过有效的手段被其他国家和民族接受。这种文化软实力的提升必须要在充分发挥本土文化优势的基础上，推动文化资源走出国门，走向世界。

第三，地方文化资源产业化开发有助于保护地方文化资源，促进其传承与发展。

地方文化资源是前人给我们留下的宝贵财富，是中华民族形成和发展过程中先进文化的长期积累，具有鲜明的民族个性和特征。历史的经验告诉我们，民族性越强，世界性就越强，因此，保护并开发好地方文化资源对于维护实现文化多样性的意义非同一般。同时，地方文化资源由于其自身特性很容易遭到破坏，一旦地方文化资源和地方文化生态遭到破坏，就难以恢复，这也是地方文化资源的脆弱性的体现。有鉴于此，运用产业化的运作手段对地方文化资源保护和利用，不仅提高了中华民族传统文化的现代适应性、使之焕发新的生机与活力，而且能够使得地方文化资源更大限度地发挥其经济和社会效益。事实上，地方文化资源产业化经济效益和社会效益的不断提高，有利于促进地方文化资源的保护与再生。从某种意义上讲，地方文化资源产业化是地方文化资源保护与利用之间的平衡点。地方文化资源的保护与利用之间的关系是辩证的，通过地方文化资源的产业化，能够使二者相互促进，共同发展。

第四，地方文化资源产业化开发可以丰富人们的精神生活，有助于提高人们的文化素养。

地方文化资源通过产业化转化为文化产品或者文化服务，进入文化市场，通过消费过程来满足受众的精神需求，提高其认知水平。地方文化资源通过日益发达的文化市场为丰富我们的学习生活和审美生活创造了重要的条件,从而发挥地方文化资源的重要价值。更为重要的是,地方文化资源对于受众的文化熏陶又能激发受众的文化创造性,使之不断传承发扬。可以说文化资源的消费过程,也是新的地方文化资源产生的必要环节。随着社会经济的进步与发展,人们的物质生活水平不断提高的同时,人们的精神文化需求日益增长,这也是地方文化产业繁荣发展的市场需求动力源。所以,地方文化资源的产业化开发是一种更加容易被市场和消费者所接纳的方式,人们的精神需求在不断得到满足的过程中,其文化素养和道德修养也在潜移默化中不断提高,这是有利于我国的精神文明建设的。

二、地方文化资源产业化开发的内涵和特征

(一)地方文化资源产业化开发的内涵

地方文化资源的产业化,是指地方文化生产具有相当规模,地方文化产品真正遵循价值规律,是真正以市场为导向,才可以认为地方文化资源已经"产业化"了。地方文化资源产业化开发是将地方文化资源作为一种经济发展要素,与其他经济发展要素充分结合的经济活动,进而催生文化传媒产业、文化创意、文娱产业、网络产业等新的文化经济现象和产业形态。产业化既是从资源到产业的动态化的形成"过程",又是资源转化为产业运行的"结果"。因此,文化资源产业化作为过程,首先要以文化资源为基本经济发展要素,通过挖掘、整合、创新等途径形成文化产品,然后进入市场,成为文化商品,参与到文化商品的生产、流通、交换、分配等基本环节中,在市场基本规律的作用下,遵循市场经济规律和文化产业标准,进而形成现代文化生产和运行方式;另一方面,作为文化资源产业化运行的结果是指文化生产规模化,以文化产业及文化产业群的兴起和形成为标志。

(二)文化资源产业化开发的基本特征

1.文化资源是否具备可"产业化"的条件

所有的文化资源不是都能够开发形成产品的,在这个过程里,首先是要甄别哪些文化资源是可以进行产业化开发的,哪些是必须进行保护的。注意划分文化资源的可开发与不可开发性,并不是所有的文化资源都可以进行产业化开发的。现有的文化资源可以分为四个层次:(1)完全属于文化事业范围的文化资源;(2)介于文化事业和文化产业之间的文化资源;(3)不属于文化事业,但文化产业特色不强,市场潜力较小的文化资源;(4)文化产业特色强,市场潜力大的文化资源。其中,第一种文化资源不允许进行产业化经营,第三种文化资源不具备产业化经营的条件,第二种文化资源要在保护的基础上进行适度产业化经营,第四种文化资源要作为产业化运作的重心。因此,只有第二种和第四种文化资源才可以选择文化资源产业化开发的路径。

2. 文化资源产业化开发的"阶段"

文化资源产业化开发通常可分为初级阶段和高级阶段。在初级阶段,文化资源因素对经济发展的作用和影响是间接的,其产业化开发主要表现为文化产品的简单复制或资源的初级开发;在高级阶段,市场机制和产业化手段以更高的程度介入到文化资源产业化的过程和状态之中,文化资源直接作为经济发展的基本要素,通过产业化运作成为文化资本,进而形成各类文化经济实体和文化企业,在更大范围和更高层次上实现文化资源的优化配置和生产要素的重新组合,文化生产才能形成一定的规模。由此可见,文化资源产业化开发的基本环节包括:文化资源(基础)→文化产品(关键环节)→文化产业(结果:文化生产规模化)。要成功实现文化资源产业化开发,如何将文化资源转化为文化产品是至关重要的。在这个转化过程中要充分发挥市场的作用,以市场为导向,对文化资源进行优化配置,开发出符合市场需求、适销对路的文化产品,才能真正实现文化资源的产业化开发。

三、地方文化资源产业化开发的原则

我国是世界文化资源大国,各地都拥有丰富独特的文化资源,但很多地区文化资源的利用度和整合度都还不够高,文化元素处在一种分散游离的状态。因此,文化资源产业化开发需要遵循一些基本原则,引导文化资源向文化产业方向合理转化,是将文化资源转化为经济发展优势时需要重点考虑的问题。

(一)计划性与阶段性相结合原则

1. 做好文化资源的发掘与整理

文化资源要成为具有吸引力的文化产品,必须经过人的认识和发掘,特别是对散落于民间的文化资源进行系统化发掘考证,揭示文化资源的深层内涵。各地要从对文化资源的界定入手,对本地区文化资源的种类、性质、现状、特色进行充分的调查研究,认真梳理和归类,准确把握各类文化资源的特性。在梳理、归类时,尤其值得注意的是要用市场的眼光来审视文化资源,分析哪些资源具备产业化开发的潜力,为开发途径的选择打下基础。

2.科学评估

需要从资源的文化要素、价值要素、发展预期和传承能力等角度,本着客观性、可行性、可比性和数量化等原则对各种文化资源分别进行科学有效的评估。尤其需要注意以前瞻性的资源价值眼光,发现具有象征性的、规模化的文化资源。在评估时既不能似是而非,又不能空想臆断,可参照这样几个标准体系:文化资源的珍稀度、奇特度、规模度、完整度、审美度、可整合度来考察文化资源的可开发空间有多大,产品市场半径和容量究竟有多大,并且据此确定开发投入力度以及发展规模。

3.确立差异化开发规划

在做好充分调查和评估的基础上,根据物质文化和非物质文化的不同特点,结合各地区文化差异,区别对待,探索不同的开发利用模式。为各类资源寻找适合各自表现形式的载体,并制定可行的开发方案。

(二)文化元素整合放大效应原则

很多地区从整体上看文化资源具有极大的经济和市场价值,但从具体单个文化类型来看,无论是物质文化资源还是非物质文化资源都处于一种零散、分散的原生态状态,只有将这些独立存在文化资源的不同要素、不同优势有效地整合起来,使其建立起有机联系,才能激活它们,使分散、呆滞的资源变成系统、有活力的经济优势。

(三)资源可持续开发原则

可持续原则要求在资源与经济发展之间建立起良性循环机制,文化产品是意识形态领域的特殊商品,只有在成熟的理性精神引导下,将文化资源的经济价值和社会价值统一起来,才是实现可持续发展的有效途径。具体来说,就是在文化资源产业化开发过程中,既要做到物尽其用,充分发掘其潜力,让有限的资源发挥出最大的文化经济效益,又要用发展的、可持续的眼光来对待文化资源,立足未来,做到代际共享,保证后代所获得的福利不少于当代,实现文化资源的永续利用。

(四)兼顾保护与创新原则

资源是可以不断被提炼的,我们对其属性的认识处在不断提炼和升华过程之中,如何激活它们未被认识的那部分价值,令其散发出现代魅力,这就需要创新活动的介入。在开发利用文化资源时,要有一种开放的目光和创新的意识,要善于把文化资源保护与创新有机结合起来。创新是文化发展的根本动力和本质特征,没有创新的文化,必然会走向萎缩。

一味固守传统文化,不在内容和表现形式上有所创新,以适应发展了的审美心理和市场需求,这种资源就会被沉眠于地底,缺少现实的强劲动力。

文化资源的产业化,是指文化生产具有相当规模,文化产品真正遵循价值规律,是真正以市场为导向,才可以认为文化资源已经"产业化"了。

四、地方文化资源产业化开发的类型和模式

从国际上来看,在文化产业发展方面,发达国家经过近百年的探索和发展已经将文化产业发展成为支柱产业。在许多方面已经形成一整套较为成熟的发展模式和经验,包括经济实力、科技水平、运作能力、创新能力和市场竞争能力等。其文化产业发展模式主要包括竞争－保护模式、产业综合模式、集约化经营模式、特色推动模式,这些模式对我国区域文化资源产业化开发路径和类型具有积极的意义。从国内来看,我国地域辽阔,文化资源极其丰富,我国文化产业已经进入到一个快速发展时期,各省都将文化产业发展提上了重要日程。从不同的区域来看,文化产业要受经济发展水平、思想观念、科学技术水平、文化资源的制约和影响,因而文化资源产业化开发也就形成了不同的开发类型。

(一)按推进文化资源产业化开发主体划分

1. 市场主导型开发

文化资源的配置主要通过市场调节发挥主导和决定作用的模式。发达国家文化产业的发展和我国东部经济发达地区的文化资源产业化开发主要采用这种模式。我国东部地区地处沿海,作为中国率先进行改革开放的实验区,市场经济发育成熟,市场体系较为完善,投资主体多元化,信息资源丰富畅通,文化消费市场潜力巨大,消费能力较强,文化产业发展与市场经济结合紧密。以市场主导型模式进行文化资源产业化开发将极大地促进东部地区文化产业的发展。

2. 政府主导型开发

政府主导型模式是指在市场机制不充分的条件下,政府发挥主导作用推动文化资源产业化开发的模式。文化资源产业化开发往往具有投入大、周期长等特点。同时文化资源产业化开发需要多方参与,投资主体的多元化,涉及多方利益的协调,因此它必须有政府的大力扶持。通过政府主导作用的发挥既有利于开发资本的聚集,也有利于降低投资风险。

(二)按文化资源产业化开发依托要素划分

1. 特色导向型开发

特色导向型开发是指以地域特色文化资源为产业化开发的对象和要素,通过对区域特色文化资源的挖掘、整合、提升,形成特色文化资源导向型的文化产业。任何区域的文化资源都是该地地域文化资源的集合体,不同的地域孕育不同的地域文化资源。因此,充分展现和张扬出地域文化鲜明特色是实现文化资源产业化的重要模式之一。

2. 创意驱动型开发

创意驱动型开发是指以创意为核心开发手段和要素,而不以文化资源为依托的产业化开发模式。创意驱动型开发模式的产生主要源于以下三方面:第一,随着文化经济全球化趋势的不断加强和科学技术的快速发展,以资源为依托的开发模式正在逐渐弱化;第二,由于区域文化资源的差异性分布,并不是所有地区都具备丰富的历史文化资源;第三,由文化资源本身的独特性决定。与其他传统资源相比较,文化资源基本不具有绝对排他性和独占性的特征。

第二节　地方文化历史资源的产业开发

一、文化历史资源的涵义和特征

所谓文化历史资源,就是在过去人类历史发展过程中,人们创造和使用的各种物质文化资源和精神文化资源的总和。文化历史资源按时间顺序,可以把它们分为上古资源、中古资源、近现代资源;按地域方位,可以分为藏文化资源、中原文化资源、巴蜀文化资源等等;按属性则可分为物化型资源、精神型资源、交叉性资源。地方文化历史资源具有如下特征:

第一,时代性和历史性。它们不是自发的自然历史进程的产物,而是人类祖先和大自然的共同恩赐,深深地打着时代和历史的烙印。

第二,具有交融性,是人类智慧、人类劳动和自然资源、自然物性的奇妙结合。

第三,含蓄和丰富的功能。虽然自然资源有些能量很强、作用很大,但作用比较单一。历史文化资源的功能则比较蕴藉含蓄,随风潜入夜,润物细无声,但是兼具社会精神功能和自然物质功能。

第四,历史文化资源往往是复合的价值载体,闪烁着人类智慧的灵光,满载着各自历史时代的政治、经济、军事、科学文化方面的信息,具有宝贵信息价值。

第五,资源多为单质物质实体,历史文化资源则多为复杂的有机复合体,不仅其物质结构复杂多样,其精神内涵更是博大精深,往往成为后人挖掘不尽的宝藏。

第六,不可再生性和不可替代性。历史文化资源的时代性、历史性决定它所承载的历史信息、历史材料、历史文化内涵、历史地位作用是不可再生、不可替代。

总之,历史文化资源是一种原生的、古朴的、具有人类灵性的、软硬兼备,且软资源特征非常强烈的资源,也是一种能够震撼人类心灵和智能的特异资源。

二、文化历史资源的产业开发领域

（一）文化历史资源的旅游业开发

历史文化旅游资源,是能够被利用来开展历史文化旅游活动的各类旅游资源,主要是历史文化资源。历史文化资源是人类社会生活过程中的遗存,这种遗存可以为人类现在及今后的社会生活所利用。文化历史旅游资源在人类文明史上具有特殊地位和意义,历史文物古迹具有重要的历史价值、文化艺术价值和科学价值。

1. 文化开发

（1）文化导向

旅游开发的文化导向即确定旅游地的文化主格调或旅游文化开发方向。重点是确定旅游地的文化属性和审美价值。历史文化景观旅游区应该把握好历史文化导向,切忌现代化改造倾向。可以说,正确的文化导向是保证资源永续利用的前提,否则,历史文化旅游区的时尚化将使之失去持续发展的后劲。

（2）文化主题定位

文化主题是景区建设的灵魂,不论是自然景观还是人文景观,都有其确定的主题或由人提炼、设计的主题。例如丹霞山阳元石景区是融人类古文化（生殖文化、阴阳五行学说等）于自然风光之中的山水文化主题,其文化的表现不依赖于人工建筑,而蕴含于山水之中。人工点缀仅是为了强化这一主题,从而保证其自然风光的文化开发导向不变。总体来讲,旅游地的文化个性越鲜明,主题越突出,也就越具有特色。

（3）文化内容策划

旅游区的文化内容要围绕着主题进行拓展，丰富有趣、格调高雅的内容使文化主题有血有肉。历史文化旅游区应以历史为轴线，以史实和相应的传说、故事为依据构建该旅游区的基本文化内容，防止建设中的从众化、时尚化和趋同化倾向。

（4）文化形象设计

文化形象设计是对主题的具象化，使旅游地的文化主题与内涵转变为旅游者直接认知的形象。包括旅游地的景观综合形象和主形象策划、建筑格调及小品造型设计、标识系统设计、宣传品、旅游企业理念文化、服务文化塑造的设计等内容，以利于引导旅游者从不同侧面认知旅游区的文化内容。这一工作对旅游区的建设、管理与市场开拓非常有意义，是文化产品向经济效益转化的重要环节。

2. 自然景观开发

历史文化旅游资源之所以能成为旅游资源，主要是离不开其自有的及附属的特色自然景观。因此，适当开发历史文化旅游地的自然景观，增加旅游区的卖点，也是开发策略的重点之一。

（1）自然景观的科学内涵发掘

任何一个自然景观，包括宇宙万物，都存在着内在的发生、发展规律和联系，存在着相应的外在形式或状态，构成自然科学。人类从诞生以来无时无刻不在认识自然，也无时无刻不在想了解自然之谜。自然科学知识，至少是其一部分转化为旅游产品并不困难。古往今来，人们热爱自然，回归自然，力求与自然协调统一，除了寻求某种超脱与自由之外，也反映了人类对自然的认知需求。

（2）自然景观的美学内涵发掘

旅游开发应当注意审美的需要，发掘有助于审美的要素并予以审美引导。审美要素即景观的视点、视角、距离、时间的安排，以求把最美的侧面和最美的瞬间留给游人。审美引导即是发掘历代之审美评价，以不同方式传递给旅游者，作为审美导向，引发其审美思维，变成其自身的审美感受。相反，不加引导或引导有误，则削弱其审美价值。

（3）自然景观的附会文化资源

自然景观的附会文化是指那些本不是自然所固有，而是人的意志所赋予自然的一种文化现象。附会文化的产生可以认为是人类认识自然的一种初级形态，在人类不能解释自然现象的早期阶段,自然事物往往被认为是某种意志的产物或化身,从而许多事物被神化,并随历史演变其神秘性有增无减,演变为优美的传说或故事,从而使自然事物带有灵性,丰富了自然文化内容。

3.人文景观旅游区开发

人文景观是一方文化的历史沉淀,是人类文明创造的物质文化与精神文化的直接表现,如历史胜迹、建筑艺术、宗教文化、文学艺术、民俗风情等。但是围绕着人文旅游区和旅游点的建设,能否忠实于它原有的传统文化特色,成为其能否保持生命力的关键所在。

(1)区域文化的差异性

民族性是区域文化异向发展的产物,形成区域文化的差异性。旅游者决策行为研究表明,与旅游者所在地文化差异越大就越易于被选择。文化开发的民族性即是以发掘民族的个性文化为目标,为旅游者营造一种异域、异族风情的文化氛围。

(2)艺术文化的生命力

艺术性是一个古老的命题,艺术的生命力超越了时空限制,不仅古老的艺术遗产受到人们青睐,现代的艺术之作也将获得持久的生命力。不论何时,旅游文化的开发都应重视其艺术品位的提高。

(3)宗教文化的神秘性

神秘性不完全是宗教文化的范畴,诸如阴阳五行、太极八卦、风水学说等东方神秘文化遗产,在相应的载体上都具有旅游开发价值。中国许多人文景观或多或少渗透着神秘文化成分,这种神秘性也是一种永恒的旅游吸引。

(4)个性文化的特殊性

特殊性是文化个性的概念,而旅游的生命力在于其特色,故旅游文化的开发强调个性的塑造。文化开发的"特化"概念,即将其原有的特色通过一定的策划与建设使其更"特"。尤其是随着社会发展,趋同的民俗文化更需要"特化"。

(5)历史文化传统性

传统性是文化历史价值的体现,能形成传统则说明其历史文化的生命力。目前一些人文景观旅游区的开发往往忽略上述原则,即许多特色在趋同化及现代化的改建、扩建、新建中消失。失去特色也就意味着失去可持续发展能力,那么如何解救这些文化旅游资源,成为摆在人们面前的一个紧迫的任务。

（二）文化历史资源的艺术业开发

中国文化艺术积淀深厚，异彩纷呈，深受世人喜爱。民族风格浓郁、古香古色的艺术节目，深受广大观众喜爱。根据创造艺术形象所使用的物质材料不同，艺术可分为表演艺术、造型艺术、语言艺术和综合艺术四大类，其中表演艺术包括音乐、舞蹈、曲艺、杂技等；造型艺术包含工艺美术；综合艺术包括戏剧、电影、电视剧等。

1. 文化历史资源的表演艺术业开发

（1）音乐艺术的再创作

以历史上的音乐为题材，进行再创作。如中国最著名的钢琴协奏曲《黄河》、小提琴协奏曲《梁祝》，分别以抗日歌曲《黄河大合唱》、越剧《梁山伯与祝英台》音乐为原始素材，结合西洋经典钢琴、小提琴技巧和表现手法创作而成。两支曲子感人至深，在舞台上长演不衰，成了经得住时间考验的艺术精品。

（2）舞蹈艺术的创新

以某一历史时期的文化为主题，进行艺术表演的创作。如舞蹈《丝路花雨》，以敦煌壁画中盛唐舞蹈、音乐以及丝绸之路作为创作元素，运用现代舞台手段再现历史的辉煌，其艺术效果令世人震撼。

（3）服装设计艺术的演示

中国少数民族众多，56 个民族基本上都有自己的特色服装。我国历史悠久，每个朝代初建之时，都要正衣冠，因此，留下了汉服、唐装、清服等不同时代的服饰。这些琳琅满目的民族服装和古代服饰，为中国服装设计提供了取之不尽的素材和灵感。

2. 文化历史资源的工艺品业开发

中国的艺术品、工艺品形式多样、特色鲜明，如能捕捉商机创造性地加以开发，就有可能带来可观的经济效益。

（1）陶瓷艺术品

陶瓷艺术品是中国传统的工艺品，历史上享有盛名。当前，陶瓷艺术品种类丰富，既有仿古的作品，也有现代意识的创新作品，如唐三彩、北京景泰蓝、景德镇瓷器、德化瓷器以及瓷画等。这些陶瓷艺术品文化气息浓郁，高贵典雅，是当代室内装潢摆设的理想作品。

（2）铸锻工艺

中国铸锻工艺源远流长，早在夏商周就开始铸造青铜彝器。到了汉代，青铜器冲淡了神秘凝重的原始宗教色彩,赋予青铜艺术以崭新的美学品质,其杰出代表是武威出土的"马踏飞燕"和湖北满城出土的"长信宫灯"。中国历史上的铸锻工艺材料主要以铜、锡、金、铁为主,其种类主要为香炉、酒壶、灯台、花瓶、神佛、动物等。这类工艺品历史感强,严肃庄重,拥有特定消费者群。

(3)雕刻艺术

我国雕刻艺术历史悠久,种类繁多。从雕刻的材料划分,主要有石雕、玉雕、木雕;从雕刻的技艺划分,则有圆雕、浮雕、线雕、镂空、影雕、微雕等。雕刻的内容主要有神佛、人物、飞禽走兽、山水、花卉、花纹图案等。雕刻作品艺术性强,可用于建筑物装饰、摆设或掌中赏玩等。雕刻作品因其材料、形状大小和技艺高低等不同,价格差别很大。大型贵重者如著名建筑物门前的巨型石狮、寺庙中的龙柱,小型低廉者如印章钮头的装饰。同是神佛雕像,木雕与玉雕的价格就有很大差别。

此外,中国以苏绣、湘绣、粤绣、蜀绣闻名的刺绣,以北京雕漆、扬州螺钿、福州脱胎闻名的髹漆,以及文房四宝、剪纸窗花、泥玩具等,都极富民族特色,有待于发扬光大,开发出更多的文化产品。

3.文化历史资源的戏剧业发掘

中国地域辽阔,民族众多,地方戏曲剧种繁多,据《中国戏曲剧种手册》记载,多达275种,其中影响最大的有京剧、昆曲、越剧、黄梅戏、沪剧、评剧、粤剧、扬剧、吕剧、川剧、豫剧、湖南花鼓戏、梨园戏、闽剧、歌仔戏等。这些戏曲都具有浓郁的地方色彩、乡音乡情,牵动人心,拥有各自的观众群。这是一块取之不尽、用之不竭的艺术宝藏,值得发掘、保护和开发。

(三)文化历史资源的音像影视、出版业开发

文化历史资源的音像影视、出版业开发,不像旅游业受到时间、交通和经济实力的制约,也不像艺术业受舞台等即时性消费的限制,比旅游业和艺术业有更广阔的发展空间。

1.文化历史资源的音像、影视业开发

现代科技音像制品,可以通过图像、文字、音乐、语言再现风景名胜、历史文化、习俗风情、音乐舞蹈、地方戏曲等,图文音色并茂,直观形象。文化历史资源的音像业开发,具有广阔的市场潜力。音像制品如《中华泰山》《云南风光》《纳西族古乐》,红色经典《红太阳》,黄梅戏《女驸马》《天仙配》,小提琴协奏曲《梁祝》,钢琴协奏曲《黄河》等,都深受各个阶层消费者的欢迎。

2.文化历史资源的出版业开发

书籍、报刊虽然不能像音像制品那么直观形象地展示客体,但它通过文字可以表达较深刻的思想和体验,给读者留下更广阔的想象空间。比如,同样是介绍世界文化遗产——丽江古城,图书的表述就比音像深刻,学术品味更高。

第三节　文化智能资源的产业开发

一、文化智能资源的内涵和存在方式

(一)文化智能资源的内涵

文化资源是人类劳动创造的物质成果及其转化,按时代性可以分为文化历史资源和文化现实资源两大类。文化历史资源主要是指前人创造的物的凝聚,按是否有实物性形态又可分为有形文化历史资源和无形文化历史资源,其典型代表是文化遗产。文化现实资源是指人类劳动创造的物质成果的转化,按物质成果转化的智能含量,又可分为文化(现实)智能资源和文化(现实)非智能资源。文化(现实)智能资源,以下简称文化智能资源,通过人的智力运作发挥知识的创造力,在产业运行中创造价值,实现价值的增值。文化智能资源通过产业运作,能够创造价值并带来剩余价值,其资本属性由智能资产的结构决定。

(二)文化智能资源的存在方式

文化智能资源价值的大小取决于知识和智力的结构及其融合程度。文化智能资源的价值表现形式也是货币,它包括两种存在形式,即外显文化智能资源和内隐文化智能资源。

1.外显文化智能资源

外显文化智能资源是指一切可以带来价值或效用的智力成果,智力成果的核心要素是符号化的文化知识。"按照工业标准生产、再生产、储存以及分配文化产品和服务的一系列活动",一靠大规模的复制技术,二靠产业化的传播服务。符号化的文化知识,包括前人创造的文学、音乐、绘画、图案、造型、传说、方案、剧本和影视等,用系统的符号形式记录在物质载体上,可以用电脑或其他电子设备编码,也可以复制、压缩、转换和加工,或者融合到其他的文化产品中去。

2. 内隐文化智能资源

内隐文化智能资源是指人力资本减去体力劳动的部分——脑力资产,其核心要素是智力。智力,是基于人的先天素质和后天钻研习得。人的智力包括经验型文化技能和创新型文化能力两个方面。经验型文化技能包括写作、绘画、演奏、编程和设计等方面的程序和技巧,可用于文化生产过程,大部分不能被电脑编码,但可以通过教学形式来传授或通过反复学习而获得。创新型文化能力是文化人在获得知识和操作技能的基础上,突破前人模式形成的独创性思维和实践能力,体现为创造型的构思、创意、主题、灵感、方案和决策等,大多难以编码。内隐文化智能资源的能动作用是,可以进一步调用外显文化智能资源——知识,融合其他结构资本、顾客资本等,再通过新的方法组合起来,有效地创造文化财富。

二、文化智能资源的产业开发模式

(一)外显文化智能资源开发

1. 外显文化智能资源开发复制模式

随着现代文化产业复制技术和传播服务水平的提高,读者阅读的小说几乎都是出版物、印刷品或译本,极少有人直接阅读作家的手稿,音乐爱好者也是在音乐厅倾听乐团的演奏,而不是读作曲家的曲谱手稿。由符号化知识所凝聚的文化制品,具有可重复生产、私人物品、能耗低等经济属性,决定了外显文化智能资源产业开发可持续营运的基本模式是复制。

信息复制存在三种基本模式,即纵向复制、横向复制和混合复制。复制营运模式的广泛应用,推进了现代文化产业的高速发展。消费者购买文化制品看重的往往是其所负载的内容或意义,通过理解和体验来消费文化制品,而文化制品载体本身的物质属性却无关紧要。用符号学的话说,文化符号"所指"(内容)的消费(感知与体验),并不同时或等比例地消耗其"能指"(载体)。这就使"生活质量不断提高、精神内涵日益丰富,但物质消耗都有所减少的现代生产、生活方式"成为可能,也与"手段俭朴,目的丰富"的生态或环保主义的可持续发展理念相一致。

2. 外显文化智能资源开发的版权模式

版权又叫著作权,是知识产权的重要组成部分。知识产权是一种财产权,它是民事主体在科学、技术、文化、艺术领域对其智力创造成果依法享有的专有权利。知识产权通常分为工业产权和著作权两大类。著作权(版权)又分为两部分,一是著作财产权,二是著作人格权。著作财产权可以直接转让、继承;而著作人格权不能直接转让和商用。

版权是出版者复制和销售出版物的权利。版权产业一般是指生存和发展以版权保护为条件的一个产业群。版权产业分为四组,一是"核心"版权产业,是指以创造享有版权的作品作为其主要产品的产业;二是"部分"版权产业,其产品仅有部分属于享有版权的材料,较典型的是纺织品、玩具制造、建筑等;三是"发行业",它们面向商店和消费者发行版权物品,如有关的运输服务,批发与零售业等;四是"版权关联"产业,其所生产和发行的产品完全或主要是与版权物品配合使用,如计算机、收音机、电视机。

(二)内隐文化智能资源开发的创新模式

内隐文化智能资源产业开发的基本模式是创新。创新是一个民族的灵魂,是一个国家兴旺发达的不竭动力。创新是经济发展的持续动力和源泉,是一种"产业的变异"。企业家的职能,就是不断引进生产因素和生产条件的"新组合",以实现"创新"。创新的核心是生产要素的"新组合"——引进新产品、采用新生产方法、开辟新商品市场、实现企业的新组织等,引入生产体系,从而优化资源配置的效率。越是知识型和智力型的产业,越需要突破常规,采用新的资源组合、配置方式。

创新有三种基本类型:一是知识创新,主要解决"是什么"的问题,其创新成果表现为提供关于新事实的判断、对经验事实的新说明、对经验定律的新解释以及对理论危机的化解;二是管理创新,主要解决目标和现状的关系以及现状到目标的转化问题;三是技术创新,主要解决知识如何应用以及现有技术如何更新换代的问题,具体表现为知识被应用的新的可能性、新的可能途径和方法、新的技术操作手段和工艺流程,以及从新技术引进经吸收消化到产生更新的技术等。

创新也是智力的高级形式,是一种能力结构。创新能力包括创新精神和创新方法两层含义:创新精神是指创新能力的非智力因素,如求知欲、创新意识、勇敢精神、顽强精神和科学态度等;创新方法是指创新能力的智力因素,包括逻辑思维、非逻辑思维、创造性思维、求解思维以及中国式东方思维等。

逻辑是通过思维的中介而介入创新活动,辩证逻辑借助一系列的范畴,规范着人们的思维活动,对创新起着指导性作用。

创造性思维是指在吸纳思维对象相关信息的基础上,以强烈的求知探索为动机,经过存疑、联想、假设、推理和顿悟等环节,发现解决有关问题的新方法,从而拓展人类认识的新领域,开创人类认识新成果的思维过程。人们运用创新性思维,可以从总体战略和具体策略相统一的角度,针对现时的理论框架和观念程式,进行全面的理论、观念、模式和方法创新。辩证思维是创造性思维的最高层次,具有系统综合性、动态开放性和自觉创造性等特征。

内隐文化智能资源产业开发的可持续营运——创新,不但要开发人的逻辑思维、形象思维和创新思维,而且要开发人的求解思维。求解思维是人们围绕问题的目标选择寻求实现目标的手段、途径的思维,其功能是寻求解决问题的手段、途径并统摄逻辑思维和形象思维。

本 章 小 结

地方文化资源是区域经济发展的要素之一,是地方文化产业开发发展的前提和基础。随着世界及我国文化产业的快速发展,地方文化资源产业化开发已经成为国家和区域经济发展的重要途径。

思 考 与 探 讨

1. 如何理解地方文化资源产业化开发的意义?
2. 地方文化资源产业化开发的原则是什么?
3. 地方文化资源产业化开发的类型有哪些?
4. 简述文化历史资源的涵义和特征。
5. 如何认识文化智能资源的内涵?

第四章　文 化 产 品

文化产品的生产与人们的生活密切相关,有着悠久的历史,是经济发展水平和标志之一。进入21世纪,文化产品和文化产业已成为我国社会经济的主导之一,因此探讨文化产品本质特性和存在类型,深化和丰富我国文化产品的相关理论,有助于提高文化产品的竞争力,具有很强的理论意义和现实意义。

【学习目标】

1. 了解文化产品的内涵及其特征。
2. 掌握文化产品的本质属性。
3. 认识文化产品的分类和类型。
4. 掌握文化产品开发形态和开发要旨。

第一节　文化产品概述

一、文化产品的内涵及其特征

(一)文化产品的内涵

关于文化产品的定义,不同的学者有不同的见解和看法,故所得出的结论也不一样。

第一种说法是:文化产品就是文化产业活动所提供的产品,可分为文化商品和文化服务两大类。文化商品指那些能够传达生活理念、表现生活方式的消费品,它具有传递信息或娱乐的作用,有助于建立集体认同感,并能影响文化实践活动。一般说来,文化商品主要以有偿形式提供。而文化服务指的是政府、私人、半公立机构或公司取得文化利益或满足文化需求的活动。文化服务包括艺术表演或其他文化活动,以及为提供和保存文化信息而进行的活动(包括图书馆、档案馆和博物馆等机构的活动)。文化服务以有偿服务或免费服务的形式提供。

第二种说法是：文化产品是指由文化人和文化行业生产出来的含有文化性、艺术性或文化含量高的文化载体和服务。

上述对文化产品的种种观点都具有一定的片面性。他们大多都是从某一侧面如文化产品范围角度、内部结构、宏观等视角，对文化产品的概念进行了界定，多数未反映出文化产品的特征和属性。因此，归纳国内外理论界对文化产品已有的认识与研究成果基础上，结合文化产品具有的特征和属性，给出的文化产品的定义是：文化产品是由文化产业相关人士或者部门创作的，以文化或艺术为主要内容，能够满足人类精神需求，反映社会意识形态，满足大众娱乐的文化载体。

（二）文化产品的特征

文化产品以其特有的性质，在各个层面满足人们的精神生活需求。其基本特征可以包括如下几个方面：

1. 文化产品的象征性

严格来说，文化产品都是象征性产品。因为它们用象征性的方式构建了自己的形态。一台经典的舞蹈表演，通过演员的表演诠释了舞蹈的内涵；一首穿越时代的诗词，通过几句简单的文字表达了作者与时代的情感；一幅传世的字画，通过作者的手笔画出时代对艺术和美的追求。所有的文化产品，都只不过是一个符号，都有着独特的时代特点和艺术思想。文化产品的象征性决定了消费者的选择品位。消费者选择什么样的文化产品，取决于他所处的社会环境和生活环境。一个生活在改革开放时代的年轻人，很难理解建国初期的生活环境和"文化大革命"时期的社会环境。每个时代都有自己的烙印，生活的时代不同，对生活的理解和感悟也就有所区别，这也是推动时代发展的动力之一。

2. 文化产品的创新性

文化产品作为一个文化性、艺术性或者文化含量高的文化载体，本身就注定了创新是其发展的重要性质。作为一个文化性和艺术性的交叉体，其突出的特点就是艺术性强，需要依靠创作者的社会阅历、思想水平、知识积累和艺术能力，这些因素都是影响文化产品创新的重要因素。这就需要作者在创作的时候，既要考虑继承传统留下来的风格，又要有所突破，有所创新。这样，所创作的作品，才能在激烈的市场竞争中赢得一席之地，创作的风格才能在历史的长河中留下一笔财富。创新性的另一个方面就是最大限度地提高产品转入消费市场的速度。试想一下，一个新的创作，如果不尽快上市，就会被同类型的产品占据市场份额,所以提高产品转入消费市场的速度,也是最大挖掘文化产品价值的一个方面。

3. 文化产品的意识形态性

文化产品作为一个精神的寄托和精神归属的完美结合体,不仅仅代表了一个时代所具有的特征,更能表达当时人类的生活状态和精神需求。作为一个以社会意识形态性为本质的产品,文化产品通过具体生动的艺术形象来展现社会生活和反映客观真理。它融思想性、艺术性、知识性、审美性、群众性于一体,它的教育作用寓于潜移默化的影响之中。文化产品的影响是深远的,具有不可估量的社会效益。国家可以通过对文化产品创作的指引,影响大众的审美情趣,提高人民的文化素质,最终使整个社会的价值观得到升华,从而在一定程度上进一步地推动经济社会发展。

4. 文化产品价值的永恒性和增值性

文化产品是一种特殊的产品,是人类精神发展的结果,消费的持久性是文化产品的一个重要特征,文化产品所消耗的只是其物质载体,其文化价值不仅不会消耗,反而随着人们的消费而得到延伸和永恒。如一部优秀的文学作品、电影或戏剧,其文化价值是永恒的,并不会因为其文化载体的消失而消失。文化产品的价值不仅具有永恒性还具有增殖性。随着人们生活水平的提高、认知能力的提高以及对文化产品需求的增加,文化产品的价值呈现递增性,特别是当其潜在的思想性和艺术性被挖掘出时,价值更是小可估量。如古玩、字画等。任何一件不起眼的文化产品 1 000 年后都有可能成为价值连城的瑰宝。

二、文化产品的功能

文化产品的功能,是指其能够满足人们精神生活需求的效用,具有独立生存、自主发展的特点。按照传播学的观点,文化产品也可称为信息产品,信息可以分为维持性信息、指导性信息、刺激性信息和复原性信息四大类。从以上对文化产品特征的分析中,我们可以看出文化产品的功能主要有以下几个方面。

(一)认识功能

文化产品中的维持性信息,诸如新闻报道、天气预报、商业广告等,具有使人了解环境的认识功能。人类生活在一定的自然环境和社会环境之中,环境的变化影响着人类的生存和行为。因此,人类就有了解环境以适应环境的需求。随着科学技术的发展,人类社会的进步,人类生活的环境扩大、互相依存的关系加深。自然环境方面如噪音、台风、干旱、洪水、地震、空气污染、厄尔尼诺、太阳黑子、火山爆发、能源危机、极地考察、外空探测等;生活环境方面如人权、代沟、物价、下岗、海盗、股票期货、妇女解放、种族纠纷、恐怖主义、贸易制裁、国际争端等,都是当代人所关注的热点问题。中央电视台的新闻联播节目收视率之所以很高,就是因为其认识功能强,能够最大限度地满足人们认识社会、了解环境的精神需求。

（二）艺术审美功能

文化产品中的复原性信息,诸如优雅的造型、动情的音乐、柔和的色彩、舒展的动作、高尚的思想、顽强的精神、梦幻的意境等,具有使人情感得以升华的审美功能。美的本质存在于各种具体的审美对象之中,具有丰富生动、绚丽多彩的形态。审美对象可以分为自然、社会、艺术三类:自然美是指未经人工改造过的自然景观的美,如日月星辰、崇山峻岭、江河湖海、花木鱼虫;社会美是指现实生活中社会事物的美,如健壮的体魄、亮丽的服饰、豪爽的性格、高尚的情操;艺术美是指在现实美也即自然美和社会美的基础上经过提炼、加工成为精巧纯熟的艺术形式,如诗词的格律、音乐的旋律、足球的阵式、辩论的哲理。具有审美价值的文化产品,如京剧、武术、芭蕾舞、交响乐,要求消费者具备一定的鉴赏能力和欣赏水平,才能产生审美效用。

（三）娱乐调节功能

人们利用文化产品放松自己的精神和肌体,发泄自己内心的情感,使内心得到某种需要的满足。文化产品中的刺激性信息,诸如宏伟的景观、震撼的音乐、新奇的幻想、激烈的对抗、惊险的情节、悲惨的命运、幽默的故事等,具有使人情感得以调剂的娱乐功能。在人类社会化的过程中,个人必须采取社会规范所认可的行为。比如,朝九晚五、周而复始的工作节奏,尤其是在生产流水线上单调、机械的作业,使人处于欲望压抑、心理紧张的状态。娱乐可以使人转移思想注意力,暂时逃避现实生活的精神压迫,从而调节人的感情和理性,产生心理上平衡。

（四）教化培育的功能

文化产品中的指导性信息,诸如自然科学、思维方式、行为规范等,具有使人德、智、体、美系统发展的教育功能。人类之所以不同于其他动物,就是因为人类具备科学思维能力,掌握种种知识技能,能够遵守社会规范行为,并且可以能动地适应环境和改造世界。所以,人类社会的文明程度,与社会成员的知识普及程度密切相关。文化产品的教育功能,可以分为直接教育和间接教育两种方式。直接教育方式包括教科图书、课堂教学、培训指导、实践示范、政治演说、牧师布道等。间接教育方式则是通过舆论导向、文学作品、艺术表演、人文展示或竞技比赛等，潜移墨化地使得某种知识文化、生活习俗、价值观念逐渐流传和普及。例如，我们通常所说的"寓教于娱乐之中"。按照阶级性的观点衡量，文化产品的教育功能具有正、负效用之分。先进阶级的思想、观念，具有一定的正效用，即良好的社会效益；没落阶级的腐朽思想、观念，具有一定的负效用，即不良的社会效果。

第二节　文化产品的本质属性和类型

一、文化产品的本质和基本属性

（一）文化产品的本质

文化产品种类繁多、形式各异，但究其根本性的社会功能，它是作为"意义"的传达器而存在的。因此，任一文化产品都无可摆脱"精神性"要素的存在。文化产品的精神性本质产生了两个重要结果：首先，它使对人的片面性存在的批判与反思成为所有文化产品的内在功能。这种功能对现实社会的无畏和反抗引入到文化产品中，进而转化为对日常生活实践的启示。其次，它以其追问的持续性或不可终结性，一方面借助于社会对已有的文化产品的解读或误读，在文化产品保存与悬置的分化中，不断地通过对原有文化产品的再加工而赋予其新的意义；另一方面，这种追问的持续性总是为我们提供着不断其流的新文化产品，并把文化意义的赋予扩散到更多的和新的物质产品上。可以说，正是文化产品的精神性本质，为文化产品的生产提供了永不枯竭的动力和无限扩展的空间。

（二）文化产品的基本属性

1. 精神文化性

尽管有些文化产品本身具有实物属性，但是从文化符号的意义上看，文化产品是无形的，其根本内涵在于它所内涵的符号的意义，也就是所指的精神文化。人们消费文化实物产品的主要目的是满足人们的精神需求，因而在消费时并不会消费它的物质外壳，更多的是消费其内涵的精神意义，只要文化物质产品存在精神内涵、人们就可以对文化实物产品进行重复消费，重复使用。

2. 艺术创造性

从文化产品的消费角度来看,文化实物产品的被消费数量、消费者的要求全是不确定的。因为人们消费文化实物产品主要消费的是她的精神内涵,而不同消费者的工作、生活、教育、经历、家庭等各个方面有所不同,这就导致人们的主观意识对产品的评价有很大的影响。因而文化实物产品在生产的过程中考虑到不同消费者的情况时便会进行个性化的生产,而一般不会进行批量化生产。这就要求文化产品要不断地进行艺术创造,工艺品、影视等文化产品发展的事实表明,只有经过不断创新产生的原创性产品才能成为文化市场中的最终赢家。

3. 技术制造性

文化产品的生产具有一定的技术制造性。文化产品作为产品中的一种,必然离不开技术的支持,技术有很多种,它涵盖了人类生产力发展水平的标志性事物,是生存和生产工具、设施、装备、语言、数字数据、信息记录等的总和。不论何种文化产品的生产,都会包含了一定的技术因子。它可以是物质的,如建筑、工艺品或者绘画;它也可以是行为的,如舞蹈、戏剧、歌曲。它是文化产品进化的主体,由社会形塑或形塑社会。如电脑等新技术的出现使人们相信文化产品的制造生产离不开高新技术的应用。

4. 意识形态性

文化产品与一般的商品有所不同,文化产品不仅具有一般商品的经济价值,其更为重要的在于满足人们精神文化生活的需要,即其使用价值还具有了意识形态性。例如作家在写作的过程中,会把自己的一些观念、认识、意志和感受通过最终的作品表达出来,其作品被人们消费后,作品中的意识形态被传播给消费者,使消费者或者产生共鸣和呼应,或者提出质疑,最后都会对消费的思想和行为产生巨大的影响。这就使得文化产品具有明显的意识形态性,而这一特征在影视和传媒产品中影响最为明显。

二、文化产品和技术的关系

文化产品的发展伴随着人类科技的不断进步。技术作为文化产品的根本发展动力推动着以各种技术环境为载体和内容的文化产品的不断更新。一般来说,文化产品可以体现当时的技术水平与人文精神,科技的进步推动着文化产品的进步更新,而文化产品的逐渐更新则又在某种意义上推动了科技的创新。

（一）文化产品的生成依赖技术和技能

任何种类形式的文化产品（实体符号形式和行为符号形式）都需要技术制造（实体形态）和技能支撑（行为形态），技术（工具为代表）和技能（身体经验）是文化产品生成不可缺少的条件环节。众所周知，书籍是人类知识的宝库，也是文化产品的核心产品之一，它的保存于延续离不开造纸术发明和应用，音乐的发展与延续同样也离不开乐器技术的进步和发展。

（二）文化产品的性质取决于技术水平

文化产品的生产和不断创新离不开自然资源和科学技术。文化产品作为一种产品是以实体物质为依托以体现其价值的产品，物质是文化产品的载体，以自然资源作为依托。在历史不同时期的技术条件下，文化产品有着巨大的差异，其生产和发展都受到自然资源和科学技术的制约。不同时期的文化产品，体现着不同技术与思想的融合。

（三）技术构成文化产品创新的重要条件

文化产品的科技含量以及制作工艺可以从某个侧面体现当时的科技水平。以文化传播媒介为例，人类在语言发明之前，最原始是通过标记、图示等方法来传播，在接下来的几个世纪里，经历了语言、文字、印刷、新媒介（互联网、数字技术）等媒介的使用，每个不同时期媒介的使用都可以从侧面反映出当时的技术发展水平。在科技飞速发展的今天，科技已经与文化产品有了紧密的结合，科技已经成为了文化产品发展的重要依托。科学技术成为了文化产品发展的重要内在原因之一。数字化与网络化的普及已经使文化产品的生产传播模式有了巨大的改变。

三、文化产品的分类和类型

在产品供给层面上，不同的文化产品可以区分为生产性产品和服务性产品两大类。文化产品分类的主要目的，是要依据分析的要求，使我们能够理解文化产品构成要素的关系，进而推导出这一对象集合体本身的关系。

（一）文化产品的分类

1. 生产性产品

作为生产性产品，直观地表现为以物化形式来进行文化产品的供给，它为文化产品的消费提供了一个商品形式的物质对象。书籍产品，美术、文物或邮币卡产品，音像产品等，或者说,凡为陶冶教化、欣赏收藏以及娱乐消遣所提供的用品,都是生产性文化产品的典型代表。但生产性文化产品的范围并不仅限于此,它可以把与这些文化实践活动的关联产品包容其中,诸如笔墨纸砚等。而具有更重要意义的扩展是,它可以对更多的一般物质产品进行文化意义的追加和渗透,如茶、花、蜡染、刺绣等产品,就正是凭借文化的渗透或覆盖,而获得了"文化产品"的意义,转化成文化产品的存在。

在这些多变的形式中,一个不变的共同本质在于"生产性"是由其为社会提供了直接的物质财富而赋予的。生产性文化产品的生产单位由此而构成社会物质生产领域的一个重要部门。它们的经济收益,直接源自于生产的基础。然而,文化产品供给方式的加入,赋予了生产性文化产品一个内在的根本性特征:以它的存在为核心基础,建构起在占有关系下展开的文化产品的消费关系和消费模式。因此,仅仅从实物性与非实物性来定义生产性文化产品,只是一种不充分或不完全的判断。一方面,由于文化产品的生产分离成两个阶段——最初源头的精神性状态和复制与传播的物化过程,从而文化产品的生产者也裂化为两级的存在——创意性的生产者和物化性的复制者。这样,同一文化产品在前者表现为精神服务性的生产,只是在后一阶段和后一生产者那里,才表现为生产性文化产品的存在。另一方面,某些个人或组织机构对一些文化产品的占有,并不是为了自身的消费,而是使这种占有表现为中间性的占有,转而面向更多的人提供服务,就会把这些物化性的文化产品转化为服务性产品的存在。

2. 服务性产品

服务性文化产品的典型代表,是文艺演出、文博展览以及旅游休闲等。在这类文化产品的消费中,人们是无法对任何一种产品对象实行占有,哪怕是临时的或有限的占有。用严格的经济学术语来说,在这类文化产品的消费中,人们仅仅是在"欣赏"或在"获取精神满足"的意义上获得了所谓的"使用权",而丝毫没有一点占有权的因素或形式。因此,服务性文化产品的存在,并不取决于产品的实物或非实物形式的区别,它的根本性特征,是塑造了在非占有关系下的文化产品的消费关系和消费模式。也由此决定了无论以何种形式进行的服务性文化产品的供给,它的经济收益是通过国民收入再分配的渠道来实现的。其本质是对社会总生产或经济总财富的一种扣除,因而表现为一种"非生产性"的存在。

（二）文化产品的类型

1. 按照文化产品存在形式划分

（1）实体 – 静态类型

这一类型的文化产品主要包括文字、绘画、工艺品等。

文字，这一文化产品的主要内容有：书籍、报刊、杂志、卡片、日历等带有文字解说的印刷品。文字是以传播文化为目的，文字的传播主要受到两方面的影响：一方面是承载文字的载体；另一方面是文字接受者的个人素质。承载文字的载体有许多种，随着社会的发展也在不断发展着，从春秋时期的竹简、绢帛到西汉的纸张，再到现代的网络多媒体。

绘画，顾名思义以图画形式表现出来的静态的物质产品，都可以看成是绘画形式的文化产品。它是承载文化产品的又一普遍形式，构成了文化产品的一部分，是文化产品所传达符号意义的视觉图像。画是一种在二维的平面上以手工方式临摹自然的艺术，在中世纪的欧洲，常把绘画称作"猴子的艺术"，因为如同猴子喜欢模仿人类活动一样，绘画也是模仿场景。按类别可分为：国画、油画、水粉画、漫画、简笔画、刺绣画、速写画、字画、炭画、素描画等。

工艺品，即通过手工将原料或半成品加工而成的产品，是对一组价值艺术品的总称。工艺品来源于生活，却又创造了高于生活的价值。它是人民智慧的结晶，充分体现了人类的创造性和艺术性，是人类的无价之宝。工艺品的类型包括木、牙、竹、碳、玉雕、马汉琉璃、彩雕、树脂、文玩核桃、刺绣、漆器、青铜器、玉石、蓝印花布、编制品、铁画、铁艺、木艺和皮艺磁悬浮工艺品等。

（2）行为 – 过程类型

行为过程类文化产品主要有两方面内容，即表演和文化服务。

表演，著作权法术语，指演奏乐曲、上演剧本、朗诵诗词等直接或者借助技术设备以声音、表情、动作公开再现作品。表演包括：音乐歌唱表演、戏曲表演、杂技表演、舞蹈表演、语言表演等。

文化产品服务包括图书馆、档案馆、博物馆提供的服务，交易会和博览会提供的服务，录音、录像、摄影提供的服务。

（3）网络 – 影像类型

这一类型的文化产品同时具有实体的静态性和行为的过程性，主要的内容包括影视和网络文化两方面。

影视不但包括了电影和电视剧,还有动画等通过拍摄,绘画,等手段制作出来的,带有故事性的影片。因在其制作过程、表现手段、传播方式、欣赏特点等方面有不少相似之处。都借助于现代科学技术,特别是物理学中的光学及声学成就,革新了艺术表现手法,拓宽了艺术表现范围,强化了艺术表现力度。影视是电影艺术和电视艺术的统称,是现代科学技术与艺术相结合的产物。通过画面、声音、蒙太奇、故事情节等语言来传达与表现。

广义的网络文化是指网络时代的人类文化,它是人类传统文化、传统道德的延伸和多样化的展现。狭义的网络文化是指建立在计算机技术和信息网络技术以及网络经济基础上的精神创造活动及其成果,是人们在互联网这个特殊世界中,进行工作、学习、交往、沟通、休闲、娱乐等所形成的活动方式及其所反映的价值观念和社会心态等方面的总称。其包含人的心理状态、思维方式、知识结构、道德修养、价值观念、审美情趣和行为方式等方面。

2. 按照消费方式划分

文化产品的消费方式有两种,一种是要求在特定的时间、空间内来进行,另一种是不受时间空间的限制。根据文化产品的这一消费方式的特点,我们把文化产品划分为独创的艺术品和批量生产的消费品。

(1)独创的文化艺术品

艺术创作指艺术家以一定的世界观为指导,运用一定的创作方法,通过对现实生活观察、体验、研究、分析、选择、加工、提炼生活素材,塑造艺术形象,创作艺术作品的创造性劳动。艺术创作是人类为自身审美需要而进行的精神生产活动,是一种独立的、纯粹的、高级形态的审美创造活动。艺术创作以社会生活为源泉,但并不是简单地复制生活现象,实质上是一种特殊的审美创造。艺术家是艺术创作的主体,其生活积累、思想倾向、性格气质、艺术修养是艺术创作得以顺利开展和最终完成的基础和前提。艺术家创作艺术作品,总是从特定的审美感受、体验出发,运用形象思维,按照美的规律对生活素材进行选择、加工、概括、提炼,构思出主观与客观交融的审美意象,然后再使用物质材料将审美意象表现出来,最终构成内容美与形式美相统一的艺术作品。因此,独创的艺术品顾名思义是要求生产者独自创造出来的,且不能够被批量化复制的艺术品,这种类型的艺术品比较独特、可能会由于生产者的创新使得这种艺术品的特征具有唯一性,或者对于这种文化产品的欣赏仅限于在特定的时间、空间内。有唯一性,或者对于这种文化产品的欣赏仅限于在特定的时间、空间内。这一类型的文化产品包括美术音乐作品、雕塑建筑品、影视及舞台创作表演等富含创新意味的文化产品。

(2)批量生产的文化消费品

文化消费品是精神产品,它既是一种有物质载体,又是一种浓缩了心理或社会内涵的符号系统,能提供给人们多种精神享受。文化消费品包括三种基本形态:一是相对独立的物态性文化产品,如书画,雕塑等;二是以劳务形态出现的文化服务,如舞蹈、歌唱等舞台表演、展览等;三是向其他产业或商品提供附加值,如服装设计、景点设计等。文化生产者创造的价值不是单独体现出来,而是融化在一个综合性的产品或服务中,提高了它的整体商业价值。批量生产的文化消费品对于文化产品的创新性和特定时空的消费方式的要求就显得不那么高了。从消费方式上看,批量生产的消费品可以随时随地进行消费,并且在特有的技术条件下大量的复制、进行批量化生产。这种类型的文化产品范围比较广泛,凡是可以进行量化生产并且其消费方式不受特定时空限制的文化产品都可以囊括在此范围内,例如印刷品、视听媒介、工艺纪念品等。以印刷品为例,印刷品是印刷的产品,是使用印刷技术生产的各种成品的总称。在日常生活中,人们所接触到的报纸、书刊杂志、地图、海报、广告、信封、信笺、商标、名片、请柬、钞票、贺卡、台历、挂历、各种证卡、包装盒、电路板等等,应有尽有,都属于印刷品的范畴。印刷品几乎充满在人们的衣、食、住、行领域之中,它与人们生活十分密切。印刷媒体种类繁多,最常见的为纸张及纸板,其次有布、纤维材料,塑料片(胶片)、金属表皮及各式各样生活常见的电器用品的表面。印刷品是文化产品中典型的批量生产的消费品,当然这种文化产品的批量生产是与技术的支撑密不可分的。

第三节 文化产品开发形态和开发要旨

一、文化产品开发形态

文化产品作为一种特殊商品在社会经济结构中扮演着重要的角色,充分认识文化产品,挖掘其潜在价值,对于推动文化产业的健康发展大有裨益。

（一）文化产品的实物形态

按照联合国教育、科学和文化组织的定义，文化产品包括了文化商品与文化服务。文化商品一般是指那些传递思想、符号和生活方式的生活消费品。它们是知会性的或娱乐性的，有助于构建集体身份和影响文化习惯。作为个人或集体创意的结果，文化商品通过工业化过程和世界范围内的分配得以复制和推进。书籍、杂志、多媒体产品、软件、唱片、影片、录像、视听节目、工艺和时尚设计大体为市民建立了多样化的文化供给。

（二）文化产品的服务形态

文化服务形态是那些旨在满足文化兴趣或需要的活动。文化产品是指由文化人和文化行业生产出来的含有文化性、艺术性或文化含量高的文化载体和服务。

文化产品中的服务形态是文化产品的重要组成部分，比如演艺业、娱乐业、观光旅游等，它们的产品是随着时间流不断提供的服务，通过人们的记忆可以储存很多年，借助人们的想象力可以升华精神空间，满足个性化需要。

（三）文化产品的附加值形态

文化产品的文化附加值不是固定的，也不是一成不变的。它随消费者的生活环境、信仰、习俗、阶层和生态等条件的变化而变化，呈现出因地而异、因人而异的特征。影响消费者审美趣味、消费心理的作用力错综复杂，其中环境、习俗、阶层和生态等条件的影响最为显著，由于世界各国、各民族的历史文化、社会习俗，传统影响、语言文字、宗教信仰、生活方式各不相同，对文化产品的要求和欣赏水平也有很大差异。尤其是某些国家和民族的禁忌性习俗，对出文化产品有着致命的影响。因此我们在对外宣传时应从对方的文化背景入手，打开道路。

（四）文化产品的产权形态

文化产品的产权形态可以从两个方面进行阐述。一方面，与一些客观的自然条件有关。一些文化产品只能在特殊的地域生产或者生存，比如一些富有特色的文化产品，由于自然因素决定了它只能在特殊的地方生产出来，换个地方就无法生产。另一方面，人们为了保护文化产品，制定了一系列的保护法律，比如版权法和专利法。这种保护是为了激励人们的创新，但在结果上也造成了一定程度的垄断，垄断定价在文化产品中也是比较常见的，因为这些文化产品几乎没有替代品。

（五）文化产品数字化形态

在数字化、网络化环境下,各种不同类型的公共文化机构都致力于公共数字文化资源建设。然而,各自为政的资源管理和分散多头的服务,不仅造成了数字资源的重复建设,而且阻碍了公共文化资源的有效利用和广泛共享。因此,迫切需要对各类型公共文化机构的数字文化资源进行整合,将这些资源集成到一个统一的平台上,为公众提供"一站式"的公共数字文化服务。

二、文化产品开发的要旨

文化产品开发不仅具有重要的社会价值和经济价值,而且具有重要的战略价值,关系到国家政权的巩固和稳定。在对外开放不断扩大的情况下,我们受到西方发达国家优势文化产品的巨大压力,不仅可能被它们挤出市场,甚至会有"西化"和"分化"的危险。在这种情况下,我们要抓住机遇,加快发展文化产业,保持文化独立,维护国家安全。

（一）文化产品开发的标准和要素

第一,有利于促进中国文化产业化,发挥优化国民经济结构的重要作用;

第二,有利于有效地保护和利用传统文化资源;

第三,有利于培育和发展文化企业,改善中国参与国际经济的企业结构;

第四,有利于深度发掘传统文化资源的多维价值,文化产业化是弘扬和发展传统文化内在价值的重要方式;

第五,有利于中国传统文化与世界其他文化的博弈、对话和交流,而使双方从中受益,共同得到发展。

（二）地方文化资源产品开发的盈利模式

要培育和发展一批有品牌、有规模、有参与世界文化市场竞争的具有核心竞争力的企业。只有靠文化产品和服务才能分割文化市场的蛋糕,而只有真正作为市场主体的有核心竞争力的文化企业才能生产出具有获取文化市场的大块蛋糕的文化产品和服务。再次,文化企业要创造自己的核心竞争力。文化企业的核心竞争力源于对要开发的传统文化资源的评估和选择、对文化市场的知识、开发文化资源的技术、对文化产品和服务的分销体系以及对整个过程的控制和管理,这些要素构成文化企业的独特的价值链,决定着企业的竞争优势。再次,企业应学习和借鉴国际文化企业的成功经验,可以探索独资、合资或合作等多种方式开发传统文化资源,可根据企业的知识技术和人才储备来选择不同类型的传统文化资源,如从传统文化资源中发掘其旅游价值、艺术价值、医药价值等。最后,文化企业在开发传统文化资源过程中应和区域经济和社会发展结合起来。如西部地区保存了浓厚的传统文化资源,丰富的民族文化、传统宗教文化、众多的人文自然景观、连续而悠久的历史文化背景,使西部在面临文化产业时代到来之际,发挥文化产业化在西部大开发中重要作用。

文化产品开发是当今社会以及未来社会财富积累的重要源泉。社会财富积累主要来自两个方面,一是自然资源,二是劳动。在社会发展的初级阶段,自然资源在社会财富的积累中起着主要的作用。但是,随着经济社会的发展,特别是科技的发展,自然资源在社会财富积累的重要位置逐渐被知识与文化所取代。一方面,自然资源是有限的、消耗性的,是不可能再生的。随着人民群众生活质量的提高,继续采用消耗自然资源的方法来增加社会财富的方法,必然破坏各种资源,带来生态失衡等一系列问题。另一方面,随着社会发展,社会财富的形态也发生了变化,从过去只重视物质形态而向精神形态转变,知识经济、知识产权、信息产业的文化财富含金量,大大超过物质财富含金量。特别是文化产业的发展,会促进人们更新观念,带动经济更快地发展,使得社会财富更快地增长。

(三)文化产品开发的政府规制

政府从政策、资金、组织机构、人才等方面直接对文化产品开发进行干预、扶植、引导。1998 年,文化部增设文化产业司,协调文化产业运行中的重大问题,将发展文化产业纳入政府管理范畴。2001 年,"文化产业"概念正式写入国家"十五"计划纲要,党的十六大把发展文化产业提到了新的高度,随后党和国家出台了一系列鼓励发展文化产业的政策措施。此外政府还从资金、人才等方面对文化产业进行干预扶持。实践证明,文化产品开发发展初期,政府主导模式是非常有效的模式。下一阶段文化品发展模式应尽快地从政府主导转为政府引导,市场运作模式。具体而言,一是把政府精力放在宏观调控上,对文化产业的扶持应该从出台相关政策,建立健全法律法规体系,创造好的市场环境等方面,减少对文化市场主体的行政性干预,充分发挥市场机制的调节作用;二是明确市场主体,政府要逐步缩小直接举办营利性文化生产企业的范围;三是要放宽文化产业准入限制,通过政策调控等手段鼓励社会力量介入文化产业领域。

（四）文化产品开发的关键

1. 整合国内外文化资源

在经济全球化的背景下整合国内外两种文化资源。过去我们的文化产品开发主要是针对国内市场，但在加入 WTO 的大背景下，在继续关注国内市场的同时，更需积极参与国际竞争，亦即是不仅"防守"和"拿来"，而且要"进攻"和"走出"。中国的文化产业也要从主要面向国内市场转换为同时面向国内和国际两种文化资源。2000 年新年，上海大剧院和澳大利亚悉尼歌剧院联手举办了"上海·悉尼 2000 年的跨越"卫星双向传送音乐会。虽然在两地不同的舞台上，在同一时间内纵情高歌，但却能通过两地的卫星电视，同时传送给南北两半球的广大电视观众。这是一次文化创意、艺术人才、技术设备、市场资源的综合性国际大配置，是上海的文化资源和国际文化资源在又一次相互交融中得到了最有效的整合。这种文化资源的全球化大配置，无疑将会促进中国文化产业的发展。

2. 优化文化资源的配置

以政府推动为形式，以市场化运作为内容，通过机构重组优化文化资源的配置。随着经济的全球化和一体化，我国计划经济时期的经济体制和机制已经不能适应现代经济的发展，相反在诸多领域还会阻碍经济的发展，为此我们应该积极推进资源配置方式逐渐转向以市场为导向的资源配置方式，从传统体制内的配置方式，逐步转向全社会的资源配置方式。采用的方式可选择企业或个人投资、彩票集资、基金投资及各类捐赠、赞助，也可以随着信用交易为主要内容的金融业的发展，通过发行股票、债券等直接融资方式，或通过产权交易、兼并、购并、联合等方式实施存量重组。

3. 加快创新性资源的积累

文化产业的创新能力取决于持续而稳定的研究开发积累，不可能要求投入马上就有产出，急功近利只能是拔苗助长。首先政府方面要设立文化产业研究开发项目，研究符合中国国情的文化产业项目、可操作的途径、良好的社会与经济效益等。其次鼓励文化事业单位联合设立研究机构，保证每年文化企业收入的1%以上投入到研究与开发上来，并对现有的文化资源进行调研，提出优化整合文化资源的方案，为指导我国文化产业的发展提供决策依据。最后要积极与国外文化企业合并，利用国外、国内两个市场，两个资源，发动一些文化产业的交流活动，在观念、方法上学习国外的先进经验。

本 章 小 结

文化产品的特征以及文化产业的经济功能是发挥文化产业经济影响力的基础。随着经济社会的进步,文化产业的不断发展会创造出更多的经济与社会价值。因为文化产品的诸多特性,文化产业的经济功能十分丰富,可以对经济发展的各个部门包括工业、服务业,以及城市化、新农村建设等方面产生积极的影响。

思 考 与 探 讨

1. 简述文化产品的内涵及其特征。
2. 如何理解文化产品的本质属性?
3. 文化产品的类型有哪些?
4. 简述文化产品开发形态。

第五章　文化创意产业

文化创意产业是当今世界基于一定的文化资源不断进行新的创意而发展起来的新兴产业。文化创意产业的蓬勃兴起,对加快改革开放、推动经济结构调整和经济增长方式转变,促进企业的自主创新、完善自主创新体系具有十分重要的意义。

【学习目标】

1. 掌握文化创意产业形成条件。
2. 了解文化创意产业内涵和特征。
3. 认识文化创意产业发展模式。

第一节　文化创意产业形成条件

一、社会生产力为人类不断追求精神生活奠定了物质基础

随着社会生产力的不断发展,社会分工的程度和速度也在不断增强和加快。首先是脑力劳动者和体力劳动者的分化,使物质生产和精神文化产品生产走向了专门化。但由早期社会分工所导致的文化行为,尚不能够直接带来经济效益。20 世纪 70 年代以后,社会分工达到空前细化,产业发展呈现出下游化发展趋势,越来越多的人不再是直接从事第一、第二产业的生产,而是从事于第三或第四产业的工作。这为文化产品的生产、服务和消费提供了市场。

现代社会生产力的发展所带来的一个直接结果即劳动时间和闲暇时间的分离。生产力的发展意味着劳动效率的提高,使工作和闲暇时间分配发生变化,闲暇时间逐渐增多,并将超过工作时间。这样的结果必然会导致公众文化娱乐需求的增长,而这只有通过产业化方式生产大批量的消遣、娱乐和开心的产品、设施和服务才能予以满足。现代文化产业尤其是休闲也因此成为现代社会闲暇时间增多的一个功能性的产物。

社会生产力的发展,不仅极大地满足人们的物质生活需求,而且促进人们将不断地去追求精神生活的欲望和需求。在前工业经济时代,由于社会生产力发展水平低,社会物质财富短缺,社会成员中的绝大部分是无力去追求精神生活的富足的,他们的文化需求目标也只能是以服务于生存为目的。现如今,人们已经远远摆脱了物质生活的困顿,精神追求不再有特权化,而已变为日常生活化和大众化。这一需求的不断扩大和成熟,促进了精神文化产品的生产和与之相联的文化性服务的提供。

二、科学技术为满足人类的精神需求提供了无限的可能性

在当代社会,科学技术具有无限的发展空间,它为人类无穷的物质欲望和精神欲望的满足提供了各种可能。这主要表现为,科学技术的发展为文化的传播和文化产品的生产提供了最为有力的工具。它在实现精神文化产品的传播和生产中,提供了一种最具生命力和最为便捷的方式。文化生产像其他形式的生产一样,依赖于一定的生产技术,这些技术既是文化生产力的一部分,又给特定时期的文化打上深深的烙印。比如在手工作业、小规模生产的自然经济社会,不可能通过工业的方式复制大批量的文化产品,特别是现代传播媒介的发展在文化产业形成过程中具有举足轻重的地位。如印刷技术的进步,广播、影视、电脑网络等的诞生,都对文化产业的发展产生了革命性的作用。这些技术的决定性意义在于它能够把文化产业大批量生产的低价格的大众文化产品快速、便利地推销给最广大的人群,有效地推动文化创意产业的发展。

三、市场经济为文化创意产业的实现提供了有效的运行机制

文化产品商品化是实现其经济功能的原动力。它内在地驱动着文化生产者将文化产品推向市场,实现其劳动价值。将文化产品视为商品,是在商品经济出现和发展到一定阶段以后才出现的。在前商品经济时期,作为文化生产和传播者的知识阶层,他们只是以其作为手段首先获取社会身份,再借以获取社会产品的分配权。因此,文化也就成为一种特权化、意识形态化的象征,成为社会控制的一种工具。就是在商品经济的初级阶段,文化产品虽然具有了直接获取经济利益的能力,但由于历史的需要,在相当长一个时期,文化产品的生产者和传播者需要承担起文化对社会的启蒙和导向作用,这样,文化产品的经济功能仍难以正常、有效发挥。在当代,文化的经济功能被社会所接纳,文化的娱乐性、消遣性得

到广泛认同,这为文化产品的生产和消费以及市场化运作找到了切入点。

四、消费社会是文化创意产业滋生和发展的一个重要背景

毋庸置疑,现代西方社会主张充分享受社会的物质富裕,注重生活体验和大量消费,这种崇尚消费的观念,已深植于大众的社会心理之中,成为支配他们日常生活方式的一种主导观念。这无疑对现代文化创意产业的形成和发展产生了巨大的刺激作用。因为,当今世界充斥着时装、摄影、广告、电视和旅行,这就客观上呼唤社会经济机构以工业的方式,大量生产适合于享乐主义者消费的文化产品。西方文化产业巨头——好莱坞和迪斯尼乐园,可以说是一种典型的在消费社会温床中孕育的文化方式。

在中国,现代文化产业的兴起,也是具有"消费社会"逐渐形成这一宏观的社会背景。改革开放的过程无疑给中国社会带来了一场消费革命,人们满足消费需要的形式发生了由自给性消费到市场化消费的转变。随着小康社会的到来,教育的普及,至少在中国当代城市以及一些沿海地区,有相当一批人的消费已经超过了维持生活水准的标准并潜入了文化的精神的因素。符号经济消费已成为相当一批人的一种基本的生活风格和生存体验。这正是当代中国消费性、娱乐性、休闲性、益智性大众文化产品需求急速增长的一个重要社会背景。消费社会催生了一种以工业生产方式制造文化产品的行业,即文化产业。此外,文化自身的发展也呈现出实现其经济功能的要求,即文化的意识形态功能的淡化凸现了文化的消费性特征。大众文化的出现和快速发展为文化产品经济功能的实现,提供了最为适宜的文化样式。

第二节 文化创意产业概述

一、文化创意产业的基本内涵及概念

(一)创意的基本内涵

广义上,创意包含着创新、发明、创造的含义;狭义上,创意即创造性的思维或想法,个人智慧的创造性表达,是能够通过产业化实现经济价值和社会价值的全新观念。创意是一种经济增长的内生要素,与一般经济要素不同,属于非物质经济要素。当创意成为主要经

济要素后,经济增长方式会发生根本变化,从而实现经济快速可持续发展。因此,创意在文化创意产业中特定的内涵,主要包括以下几点:

1. 创意是一种原创性的思维活动

创意是人类最重要的思维,它从来都不是凭空而来,它源于大脑,是人特有的属性,是人与生俱来的能力,每个人都具备先天性的创意潜能和技巧;创意是奇思妙想,是思维、直觉、灵感等多种认识方式综合运用的结果,是一个人创新能力的核心;创意是原有状态的突破,它可以突破时间、空间、客观存在的界域;创意可以是一种理论的新内容和新角度,是一种资源的新组合,一种催生的新事物,一种新实物的发明与创造,一种解决问题的新方法,一种管理和制度层面的新方式等。

2. 创意是一种产业性的经济活动

创意是一种资源,一种资财的来源,它源于人力资源又高于人力资源,作为一种生产要素,是经济增长的重要源泉;创意作为一种资本,更注重人力资本、技术和包容性环境的相互作用,在吸引企业集聚作用上具有一定的主动性;当创意经过产业化过程创造经济价值时,一方面体现在创意产业自身生成的经济价值,主要通过知识产权的保护来实现的,另一方面体现在创意作为整个经济中创新系统的一个元素,是经济系统运行中的高阶系统,其跨界性同时带来一、二、三次产业的全面增值,以及由此引发的经济发展方式的转变、产业结构的优化、社会资本与社会效应的提高。

3. 创意是一种创造性的社会活动

创意是人类发展和适应环境的产物,也是人类不断突破自我、改造自我和创造自我的过程,人类生产、生活和历史发展中的所有新事物都是创意的结果。创意通常以人的幸福快乐和满意度为价值逻辑,注重文化艺术的创新和内容的创新,创意不断满足个人自我实现的需要,高质量地生活和工作,不断满足个体幸福快乐的需求,实现生命的意义和人生的价值,从而成为社会活动中最有活力的单元组成。另一方面,创意产品创造了越来越多的物质和精神财富,带来一系列体验效用、审美效用、文化效应等,极大地满足和引领人民群众日益增长的物质和文化需求,创意带来社会的变革和改变,创意改变世界。

(二)文化创意产业概念的界定

创意产业是在全球化条件下,以进入小康时代人们的精神文化娱乐消费需求为基础,以高科技手段为支撑,以网络等最新传播方式为主导的,以文化艺术与经济科技的全面结合为自身特征的跨行业跨部门跨领域重组或创建的新型产业。它是以创意创新为核心，以知识资本的运作为手段，统摄生产、传播、流通、消费等产业发展全过程的复合概念；是向大众提供文化、艺术、精神、心理、娱乐产品的新兴产业集群。这个定义既有现实针对性，又有战略前瞻性，是目前见到的较为科学、合理的关于中国文化创意产业内涵的界定。

文化创意产业具有以下的四种创意表现形态。

1. 原生形态创意

原生形态创意也就是人们常说的原创产品，它是无中生有，是独立创造，是人类想象力、创造力、表现力的智慧结晶，主要从精神深层进行开拓，再现个体精神层面的独特性，别具个体性意义和影响力。比如文学创作领域的诗歌、散文、小说创作，影视界的具有划时代重大意义的改变此前拍摄手法和观念的巨作，等等。一般来说，这种原生形态的创意，多属于个体性劳动创新，是文化创意产业的前进动力，因而具有鲜明的先锋性。

2. 交互性创意

即把一种从来没有过的关于生产要素的新组合引入文化生产体系，既包括内容创意、技术创意、营销创意，也包括组织创意，它是各种可提高资源配置效率的新型活动。文化创意产业具有很强的复合性，不但需要资金、技术、设备、土地等硬件，而且更需要人才、品牌、创意、信息等软件，还特别需要新的产业形态、营销模式和商业运行方式。也许它们采用的技术手段不是最新的，采用的服务方式不是原创的，提供的内容不是拔尖的，但是，一旦采用了新的生产模式组合，又可以提供较之过去更加丰富的文化产品、便捷服务、更低的劳动生产成本和更加快速的市场增长效益。这种创造性的移植和重组，在文化创意产业发展领域，尤其具有重要意义。

3. 衍伸性创意

文化创意产业的核心内容是文化内容，它作为受法律保护的无形资产和知识产权，可以移植引用到其他的制造业、服务业等领域。如迪斯尼公司就是通过开发大量的动画片，成功打造出"米老鼠"品牌，进而衍伸性创造出玩具、图书、杂志、手袋、服装、食品、文具、手表等等品牌。迪斯尼集团每年从迪斯尼专利权的授权开发方面获得的收入，就超过了6亿美元。这种将文化创意产品的上下游链条结合起来，从事上下游立体联动开发的产业链，也常常是文化创意产业的创新取胜之道。

4. 推陈出新式创意

即将原本不具有市场价值或者与现代市场价值不适合的文化产品,通过推陈出新的方式进行改组重造,根据后续市场和目标市场的需要,进行改编和重造,从而创造出内容丰富、形式多样、服务专业的文化创意产品,这也是文化创意产业领域中经常采用的创意方式。如美国迪斯尼公司在1998年推出了36集动画长片《花木兰》后,又拍摄了动画电影《花木兰》加进去美国主流价值,将中国传统女英雄花木兰改造成一个具有个性主义锋芒、勇敢上进,注重个人奋斗的英雄人物,同时又加进去幽默和冒险,赢得了全球观众的广泛认可,取得了可观的市场效益。

(三)文化产业、创意产业和文化创意产业的关系

首先,文化创意产业是文化产业的子范畴,二者都是以文化、知识的商品化为特征的产业形态。文化产业更强调所有与文化相关的精神与物质的工业化生产和商业运作。传统文化产业是较为简单、物化的"粗放型"生产产业,强调工业复制,缺乏创新和变革。文化创意产业强调了人思想观念上的创造力,注重知识、文化和艺术对经济的渗透和作用,将相对抽象的文化直接转化为具有高度经济价值的"精致产业",将知识的原创性与变化性融入具有丰富内涵的文化之中,使它与经济结合起来,发挥出产业的功能,从而促使知识与智能结合、创造产值的过程。文化创意产业是文化产业中重视创新的部分。正是从这个意义上说,文化创意产业是文化产业的一种特殊形态,是文化产业的前沿和高端。

第二,文化创意产业也是创意产业的子范畴,是创意产业中以文化内容为主要产品和服务的部分。创意产业是那些从个人的创造力、技能和天分中获取发展动力的企业,以及那些通过对知识产权的开发,可创造潜在财富和就业机会的活动。文化创意产业作为一种新兴的产业,它是经济、文化、技术等相互融合的产物,具有高度的融合性、较强的渗透性和辐射力,为发展新兴产业及其关联产业提供了良好条件。

第三,文化创意产业在带动相关产业的发展、推动区域经济发展的同时,还可以辐射到社会的各个方面,全面提升人民群众的文化素质。文化创意产业以创意为核心,向大众提供文化、艺术、精神、心理、娱乐产品,是市场经济发展到一定阶段的必然产物,是在知识经济条件下,文化、经济和技术融合的产物,更强调文化产品以智力投入、创意的形式融入生产过程之中,获得超出物质生产和精神生产物化形态的体验附加值、审美附加值、知识附加值、科技附加值等文化附加值。

最后,文化创意产业是"文化"和"创意"在当今产业经济的作用下,相互结合而萌生的新的文化产业的一种形态。这一形态集合了文化产业与创意产业的内核,涵盖了更为广阔的文化经济活动,并在中国特有的语境中,弥补了文化产业概念本身的不足。

二、文化创意产业的特征和作用

(一)文化创意产业的特征

文化创意产业作为一种新兴的业态,虽然在各国家和地区的表现形式和内涵上各有特点,但都具备下列共同的产业属性特点。

1. 创意产品的原创性

文化创意产业是知识和智慧密集型产业,其核心要素和竞争力就是创意人才及其创造力,即原创性。它是创意产业的源泉和主要增值部分,是从无到有的创造过程或是重新改造已有事物的过程。创意产业就是将原创性的创意进行规模化、产业化,并创造一定的经济效益和社会效益。随着创意经济时代的到来,人的创造性从被忽视、不重要到受重视并逐步处于核心地位,日益发挥着重要作用。随着知识经济时代的来临,经济的助推器不再是资金、机器和设备等有形资产,而是诸如专利、技术和知识等无形资产。没有原创性,就没有创意产业的形成与发展。原创性使创意产业具有多元化的特征,有些创意产业的链条(如电影)涉及多个行业和多个工种人员参与;同时,文化创意产品的生产在质量和独特性方面还有横向差别,投入的创意不同,产品就具备了多样性。

2. 产业融合的跨界性

文化创意产业属于高度关联的产业,是产业结构进化的产物,它重塑了产业结构,以价值链取代了传统的生产链。高关联度主要体现在产业融合上,它是全球化发展趋势。从产业变动角度看,产业融合是不同产业或同一产业内的不同行业相互作用、影响、渗透、交叉和相融,逐步形成新兴业态的动态发展过程。文化创意产业具有极强的渗透性和整合性,通过越界形成不同行业、不同领域的交叉和重组,既在纵向上逐步形成了独立的产业内涵,为许多新兴产业找到了"母体",同时,又在横向上跨越众多传统产业部门,为传统产业升级和相互融合提供增值产品和服务,如第二产业中的创意设计、研发、生产性服务等内容和第三产业中与文化教育、艺术、休闲娱乐等相关的内容。

3.规模报酬的递增性

传统经济学生产主要以物质有形投入为主,遵循着"边际生产力递减规律"。文化创意产业主要以非物质无形投入为主,具有知识密集型特征,由于知识的非排他性、可重复使用性且复制成本低的特点,因此呈边际成本下降,边际收益上升趋势。文化创意产业的本质特征是非竞争性,一旦一个创意被提出,任何有相关知识的人都可以利用它,而不用增加额外的成本,没有任何一个人会因为他人全部拥有而减少了自己的拥有。一个人从别人那里获得思想的熏陶,自己得到的同时并不减少别人思想的获得,正如一个人点着灯照亮了自己,也照亮了别人,但他并不会因此处于黑暗之中。一旦一个创意进入产业化过程,表现为固定成本极高和边际成本极低的两极分化倾向。一张 CD 的固定成本涉及高额的制作费、签约金和市场开发费,可复制起来成本却只需十几元钱,如果通过网络数字传播,复制成本接近于零。创意本身具有的"非竞争性"隐含创意是规模报酬递增为特征的;同时,创意作为资本投入要素,与其他要素有机配比和使用,大大提高了其他投入要素的边际效用,最终形成效益递增。

4.知识产权的排他性

首先,文化创意产业具有高风险性。由于创意具有无人知晓特性和文化创意产品需求的不确定性,使文化创意产业的核心要素信息、知识、文化、科技、创意等无形资产,对知识产权的依赖性很强,从创意的构思和创作、生产和制造、到流通和消费过程,既是文化创意产业价值增值的过程,也是知识产权增值的过程。由于文化创意产业研究与开发成本较高,之后可复制性强,而且再次使用的成本极低。如果没有知识产保护,创意产品将面临随意被复制和仿制的危险,创意阶层积极性将受到损伤,创意研发者和生产者无法保证回收前期投资成本,造成巨大的投资风险和经济损失。其次,文化创意产业具有排他性。原生状态的创意无处不在,具有分散化特征而不具有排他性。只有创意获得了知识产权的保护或垄断时,创意在一定时期内就具有排他性。发明者愿意承担创意的一次性高额成本的唯一理由是之后可以获取比边际成本高的利润,对创意者的激励在于预期获得私人利益而不是社会利益。因此,一个创意能否面世,取决于私人利益与其发明的一次性投入成本的比较,如果一个人创造了一项新技术,但他不太可能从这种创新中获得主要收益,就会降低创意者的积极性。因此知识产权是对创意者知识和智慧的一种保护,更是对其创意产品经济利益和权利的保护,同时也是激发创意者积极性和创造性,促进社会整体创意能力提升,推进社会主义文化与科技大发展大繁荣的重要途径。特别是随着信息化、数字化和智能化时代的到来,版权在各国家和地区经济社会发展中的比重越来越大,文化创意产业正在成为各国家和地区国民经济发展的支柱产业。

5.综合效应的外溢性

文化创意产业是一个高附加值、多效应产业,其产品附加了经济、文化、观念和社会等价值,并在文化创意产业化过程中带来相应的经济、社会、文化、精神和政治等效应。其经济效应主要表现为在创意产业化过程中,通过专利保护以及与其他产业融合创造"乘数效应"的产业增值效应;社会效应是通过文化创意产品的传播推广,影响着人们的生活态度和生活方式,改变人们观察世界和认识世界的思维模式,进而影响人的社会行为;文化效应是通过传递大量内容、意义、文化、艺术等信息,不断塑造公民健康的身心、提高道德修养水平、提升民族人文素质,进而保持文化多样性和普适性的效应;精神效应是人们在消费文化创意产品的过程中所获得的以人为本的幸福快乐、低碳环保、美妙经历的体验效应;政治效应是文化创意产品在潜移默化中包含着对世界、空间、社会、个人、家庭和国家等概念所形成的价值观和世界观,自觉不自觉地使公众形成对政治主题的褒贬态度,无形中在国家意识和主流文化层面形成一定的话语权,进而对国家和政权的稳定造成一定的影响。

(二)文化创意产业的作用

1.有利于推动产业结构优化,促进经济可持续发展

文化创意产业推动传统产业转型升级,服务化、信息化、知识化,使传统产业不断"脱胎换骨",传统的第一、二、三产业界限日趋模糊,产业融合成为产业发展的新趋势。创新是产业结构优化的动力,首先表现在推动产业结构的高级化,即推动一、二、三产业内部结构循序递进,由低向高升级,通过对一、二、三产业注入文化、科技的含量,使第一产业不断实现农业现代化、文化现代化和创意现代化,延伸农业种植、养殖、生产加工和旅游、休闲、创意的全产业链条;使第二产业不断柔化,增加制造业的附加值,提升第二产业自主创新能力和产品文化内容含量,从中国制造转向中国创造;使第三产业不断裂变出新的产业集群,大大提高第三产业增加值。其次,表现在推动产业结构的合理化,即从"一、二、三"产业结构逐步向"二、三、一"过渡,最终实现"三、二、一"的产业结构,从而完成工业化中期向工业化后期乃至后工业时代转变。

2. 有利于推动就业结构优化,促进社会可持续发展

文化创意产业推动我国就业结构不断优化合理。从总体上发展趋势上看,我国第一、二、三产业就业结构比从 1978 年的 70.5:17.3:12.2 到 2011 年的 36.7:28.7:34.6,说明第一产业就业比重大幅下降且呈递减趋势,共下降了 33.8 个百分点,第二产业就业增加了 11.4 个百分点,第三产业就业增加了 22.4 个百分点。从行业就业结构上看,2010 年,除传统服务业中的交通运输、仓储和邮政业下降了 0.05% 外,第三产业中与文化创意产业相关的房地产业、科学研究和技术服务、租赁和商务服务业、公共设施服务业、卫生和社会保障与福利业、金融业的就业同比增长率为 10.8%、7.3%、6.7%、6.4%、6.1% 和 4.7%,其他服务以及教育、文化体育娱乐等就业增长率保持在 2% 左右。说明文化创意产业的发展壮大,推动着我国第一、二、三产业结构高级化和合理化进程,同时对第三产业中与文化创意相关产业就业具有较强的带动作用。

3. 有利于加快文化建设步伐,实现文化与经济、社会和谐发展

文化创意产业有助于促进个人自由而全面的发展。随着社会的进步与发展,人类已经从"对物的被动依赖"转向"以物的依赖为基础的个人独立性",并开始追求"人的个性全面而自由的发展",主要表现为"三大意识觉醒":一是人的能动意识觉醒。人的自觉性、自愿性和自主性不断增强,开始追求人的个体性、独立性、自由性和全面性发展。二是权利意识觉醒。追求生存权、发展权、政治权,特别是"文化权",公民参与文化生活和文化活动的权利、分享文化发展成果的权利等,开始上升到政府的责任和百姓生活的精神追求等重要层面。三是创造意识觉醒。随着制度环境的变化,传播手段革命,消费需求日益多样化,产品的生产与提供方式发生了巨大变化,人的创造和公共表达的冲动被日益激发。

4. 有利于推动城市结构优化,提升城市品牌形象

文化创意产业推动城市功能和空间结构向多功能、多组团转型。随着后工业化时代的到来,产业结构不断"软化",信息产业成为主导产业,信息、科技、文化、艺术、知识等非实物形态成为城市间交流的主要内容,城市的生产和生活功能逐渐转向以服务功能为主导的信息服务、管理决策中心的服务,实现由制造业城市向服务业城市的转型,由传统城市向信息城市的转型,由单一功能城市向多元功能城市的转型。目前世界著名的城市都已经成为一个综合功能主导的文化创意中心。在空间结构上,文化创意产业加速城市实现逆城市化的多组团、多核聚集模式,由静态空间结构向多维空间结构转型。创意产业在城市发展中多

以群落形式出现,通过发展经济、文化、艺术、科技等各种形式形成文化创意集群、文化创意产业园区、文化创意产业社区等,形成创意阶层、创意组织和空间的集聚效应,它们使城市形成了一个个特色鲜明的单元,支撑起充满活力的城市;同时,这种集聚效应逐步扩散,由国家城市向跨国区域城市乃至全球城市的转型,由"城市"的城市向"区域"的城市的转型,城市的空间结构出现了"城市是区域的城市、区域是城市的区域"等大都市经济圈发展趋势。

5.有利于增强国家软实力,推动国家竞争力和影响力不断提高

党的十七大报告中指出:要激发全民族的创造力,不断提高国家文化软实力,从而明确了文化软实力在国家发展战略中的重要地位。在经济全球化和政治多元化背景下,仅仅凭借经济、军事和政治力量的强大,是难以在竞争中赢得主动的;而通过文化和价值观、社会制度、伦理道德、生活方式和意识形态等体现出来的软实力,正在形成一个国家参与国际竞争的整体形象。它如同一个国家和民族的社会指纹,成为形象识别和推广的标识符号,英国、美国、日本、韩国等世界发达国家通过创意、版权、动漫、影视等产业发展将其文化价值观渗透其中,潜移默化地影响着全世界的生活方式和精神面貌。因此,发展文化创意产业,不断发掘和创新我国传统历史文化和民族文化资源,以中华民族的社会主义核心价值体系为精神载体,以文化创意商品为物质载体,以社会规范、政策法律规章为制度载体,以鲜明的地域和民族特色的生活方式和风俗习惯为行为载体,是提高我国文化软实力的重要途径。

第三节　文化创意产业的发展模式

文化创意产业既是一种集文化、思想和知识等要素的"内容密集型"产业形态,更是推动经济发展方式转变和产业结构升级的全新动力。英美日韩等国形成了各具特色、具有典型意义的产业发展模式,推动了文化创意产业发展。对其发展模式进行梳理并予以借鉴,有利于推进我国文化创意产业持续、健康发展。

一、国外文化创意产业发展的典型模式

（一）英国"历史文化开发＋产业集群"发展模式

1.开发历史文化资源

英国是世界工业革命的发源地,在创造发达的工业文明的同时,也逐步形成了一批具

有不同时期独特风格与艺术特色的历史文化资源,如王室文化、博物馆文化、表演艺术文化等,通过对这些历史文化资源的保护、开发,并融入现代元素,使得历史文化资源焕发青春,成为富有特色的艺术展示和交流空间,对不同国家的不同阶层、不同背景的人士产生强大的吸引力。

博物馆文化是英国一大特色,英国全境共有官方认证的博物馆有 1 860 家,其中国家级博物馆有 28 家。对于博物馆资源的开发与利用,英国并不是停留在单纯的历史文物的陈列展示,而是将工作重心从单纯的展示空间设计向文化创意设计转移。运用多媒体与先进科技,将静态的陈列展示与动态的体验交流结合,在展示世界各地的许多文物和图书珍品的同时,强调与观众的互动性和体验性,观众的参与成为博物馆文化创意角色的一个部分,从而大大丰富了展品本身,也重新诠释了博物馆的文化意义,从而促使英国博物馆的繁荣。统计资料显示,英国主要博物馆和展览馆的年营业额超过 90 亿英镑,基本上英国经济活动中每 1 000 英镑里面就有 1 英镑直接与博物馆、展览馆有关。

2. 构建文化创意产业集群

注重发挥地方文化资源优势,对不同地域文化资源的有效整合与开发,形成区域性不同产业的集聚。产业集聚化是英国文化创意产业发展的重要模式之一。例如,伦敦是英国政治、经济、文化中心,也是世界著名的国际经济中心城市,历史文化深厚,人才资源和科技资源丰富。伦敦充分发挥这些资源优势,大力发展创意产业,创意产业的集聚化特征非常明显。伦敦有"创意产业之都"称号,伦敦从事创意产业的人员超过 50 万,每年创意产业的产值超过 210 亿英镑,已成为仅次于金融业的第二大支柱产业。伦敦还是全球三大广告产业中心之一,是全球三大最繁忙的电影制作中心之一,是享誉全球的国际设计之都。伦敦集中了英国 90% 的音乐商业活动、70% 的影视活动,时尚设计产业年产值达到 81 亿英镑,出口创汇额高达 4 亿英镑。伦敦拥有世界级的教育机构和设计单位,占有全国 85% 以上的时尚设计份额,2/3 以上的国际广告公司的欧洲总部设在伦敦。

(二)美国"知识版权保护 + 商业运营"模式

1. 制定保护文化创意产业的法律、法规

与英国不同,美国将文化创意产业称为"版权产业"。美国版权产业发展模式的特点之一是通过知识产权保护的法律、法规来促进产业发展。一方面,美国政府先后颁布实施《版权法》《半导体芯片保护法》《跨世纪数字版权法》《电子盗版禁止法》《伪造访问设备和计算机欺骗滥用法》等一系列版权保护法规,从而形成了全球保护范围最广、相关规定最为详尽的法律系统。另一方面,通过推动版权国际合作,为美国版权产品和版权产业在海外提供了更好的保护。由于美国是世界上图书出版、电影、软件等创意产品出口份额最大的国家,统计数据显示,2008 年美国电影市场年销售总额高达 170 亿美元,占全球 85% 的份额。因此,美国积极推动国际间版权保护合作,除了加入为版权提供双边保护的《伯尔尼公约》,还利用自身在关贸总协定中的影响力,促使关贸总协定乌拉圭回合谈判中最终形成了 TRIPS 协议,为美国文化商品占领国际市场提供法律环境,也为美国文化商品出口的国际争端提供了有效的法律实施机制和争端解决机制。

2. 政府不直接干预文化创意产业发展

政府不直接干预文化产业发展,是美国文化创意产业发展模式的另一重要特点。虽然美国重视宏观层面的总体设计,但没有类似促进版权产业发展的资金补贴政策,政府促进产业发展的工作重点主要是加强宏观指导和公共服务,引导具有优势的电影、电视、家庭录像、商用软件、娱乐软件、图书、音乐和唱片等产业加快发展。同时,为微观生产主体的正常生产经营创造外部条件,即政府对企业的管理以法律为依据,尽可能减少行政性的直接干预,采取包括通过反托拉斯法和保护中小企业法等措施来创造限制垄断、保护自由竞争的环境。至于企业生产什么,生产多少,如何生产,完全由企业按市场规律经营,实行商业化运作。

(三) 韩日“政府主导 + 市场机制”模式

近年来,韩国、日本文化创意产业异军突起,逐步成为文化创意产业强国。例如韩国自称已成为世界五大文化产业国之一,尤其是数字软件产业已超过传统的汽车产业,成为韩国的第一大产业。韩国、日本文化创意产业的成功除了特殊的历史传统和文化因素外,一般认为政府主导与市场机制有效结合的发展模式,是两国成功的根本性要素。韩国、日本“政府主导 + 市场机制”的发展模式具有以下几方面特点。

1. 制订国家层面的文化创意产业指导性计划

韩、日政府从制订国家层面的指导性文化创意产业,以严密、科学的宏观计划指导产业发展。并且强调计划、政策的连贯性。1996 年,日本确定了“文化立国”21 世纪方案。作为“文化立国”战略的延伸与深化,2001 年,日本制定了全力打造知识产权立国战略,明确提出10 年内把日本打造成世界知识产权第一国的目标,认为对文化的投资是对未来的先行性投资,建立产业发展基金,对文化产业进行重点投资(张养志,2010)。1999—2001 年,韩国制订了《文化产业发展 5 年计划》《文化产业前景 21 世纪》和《文化产业发展推进计划》,明确文化产业发展战略和中长期发展计划,并出台一系列政策措施确保计划的顺利实施。

2. 颁布适应文化创意产业实施法律法规

韩、日政府颁布实施法律法规,以系统性、可操作性的法律法规支撑产业发展。2001 年,适应文化创意产业发展需要,日本将实施近 30 年的《著作权法》进行修改,并更名为《著作权管理法》,之后又陆续颁布实施了《IT 基本法》《知识产权基本法》《文化艺术振兴基本法》《有关振兴文化艺术的基本方针》《文化产品创造、保护及活用促进基本法》等法律法规。为配合"设计韩国"战略的实施,韩国出台了《文化产业促进法》《文化产业发展 5 年计划》《文化产业振兴基本法》《著作权法》《文化产业发展促进计划》《影像振兴基本法》等一批促进文化创意产业发展的国家法律。

3. 加大文化创意产业扶持力度

韩、日政府设计文化创意产业政策框架,以资金扶持、税收优惠引导文化创意产业发展。近年来,韩国政府持续加大对文化创意产业的投入,1999—2002 年,文化产业基金则由 549 亿韩元增加到 2 329 亿韩元,四年增加了 4.25 倍。同时政府对企业税收实行优惠,对创新企业两年内免除各种税务调查和 75% 不动产取得税,5 年内免除财产税和综合土地税,6 年内免除 50% 所得税。日本则由政府和民间共同出资成立了"振兴文化艺术基金"和"企业艺术文化后援协议会",从资金上扶持文化创意产业发展。

4. 营造文化创意产业竞争的市场环境

韩、日政府造就程序规范、竞争有序的市场环境,促进产业做大做强。无论是韩国还是日本,政府出台的各项产业都是针对产业而不是针对个别企业。不以某一企业作为政府重点扶持对象,而是以产业作为扶持重点,其目的是营造竞争的市场环境,鼓励大企业与中小企业和平共处,共同参与市场竞争,利用市场优胜劣汰机制,促进整个国家文化创意产业做大做强。

总之,在文化创意产业发展过程中,英、美、日、韩等国依据自身特点形成了各具特色、具有较强代表性的文化创意产业发展模式。这些发展模式的共性在于:一是国家层面高度重视创意产业,制订各自的创意产业发展战略,并成立专门机构进一步加以统一指导、落实和推进;二是营造适宜创意产业发展的外部环境,并通过法律和法规加大对知识产权的保护力度;三是提供适当的政策支持,建立各种创意产业或版权产业发展基金;四是积极加强国际间合作,扶持和鼓励创意产品的出口;五是注重创意人才的培养和引进,发挥个人创新能力。借鉴这些国家文化创意产业发展模式,对于推动我国文化创意产业持续、健康发展具有重要的现实意义。

二、中国文化创意产业的发展模式

(一)政府引导型

政府引导型是指由政府积极推动文化创意产业发展的类型,充分发挥政府宏观调控职能,规划引导文化创意产业发展。从国内外的经验来看,政府对于文化创意产业要发挥宏观调控的功能与作用。遵循世界经济的发展趋势,中国必须把文化创意产业提升到国家战略产业的高度,制定一个促进文化创意产业发展的总体战略规划和行动方案,合理调整产业的布局和结构。

(二)文化创意企业聚集型

文化创意企业聚集型是原生态的文化创意经济形态。艺术家们多以个人画廊、工作室为主来从事艺术创作、展示作品、交流技艺及出售自己的作品。同时,聚集区吸引了艺术商人和特色餐饮、酒吧、画廊、书店的从业者。文化创意企业的工作产品与艺术家独特的生活方式,形成了生机勃勃的艺术家街区。

(三)文化创意产业园区型

文化创意产业园区主要由相关文化创意设计方面的企业、提供高科技技术支持的企业、有国际化的策划推广和信息咨询等中介机构、从事文化创意产品生产的企业和在文化经营方面富有经验的经纪公司等组成。这种相互接驳的企业集群,构成立体的多重交织的产业链环,对提高创新能力和经济效益都具有实际意义。

(四)公共休闲空间型

该模式把旧厂区或老建筑群改造成景观公园,里面可以举行丰富多彩的活动,并且还能起到美化环境、治理污染的作用。例如,中国广东中山岐江公园,原为始建于1953年的粤中造船厂。工厂停产后,原址留下不少造船厂房、起重构架、水电配套设施、机器设备。中山市政府在1999年决定把粤中造船厂改建成一个休闲公园。首先,设计师保留了不同时代的船坞、厂房、水塔、烟囱、铁轨等构建物。如保留了船厂中最明显的标志－铁轨,并且在铁轨的枕木之间放置各种卵石,同时在铁轨两旁种植许多乡土植物,最终形成公园里独特的景观步行道。其次,设计师还对两个不同时代的钢结构和水泥框架船坞进行了修整,使其形成对比,体现了不同材质的美感。最后,设计师将龙门吊和变压器等大型机器设备放置在场地中,成为丰富场所体验的重要元素。中山岐江造船厂的设计是通过生态设计思想,结合船厂的历史构建,运用艺术的手段和现代化的技术,塑造了一个体现着时间之美、工业之美、野草之美的纯真空间。

(五)社区合作型

社区合作型是指政府在公共发展的区域政策指导下,在调动财政、税收、金融、补贴、科研、规划等政府力量的同时,充分发挥市场、社会、企业等各种创新力量,吸引各国各地创意阶层共同参与,形成复合性的区域创新商业模式。

(六)地区传统保护型

依据本地城镇与街区的传统文化、建筑、工艺与人文资源,进行传统艺术或遗产文明的保护性移植、复制与传承,均可以列为创意经济的范围。如何保护地区的多元文明与历史文明遗产,已超越一国一地一民族的单一行为,成为全人类历史文明的重大议题。

文化创意产业发展模式是在文化创意产业的历史演变中逐渐形成的。文化创意产业所包含的范畴极其丰富,产业内各具体行业的特征各不同,在这个发展过程中,各地区经济、社会与文化的不同而造就了不同的文化创意产业的发展模式。

本 章 小 结

文化创意产业是在社会生产力不断发展的基础上所形成的,是社会经济、政治、文化共同发展,相互渗透,相互作用,相互融合的发展趋势的必然结果。

思考与探讨

1. 简述文化创意产业形成条件。

2. 简述文化创意产业内涵和特征。

3. 文化创意产业的作用是什么?

4. 国外文化创意产业发展的典型模式有哪些?

第六章　地方文化资源的培育与保护

地方文化的发展繁荣是整个民族文化大发展大繁荣的前提和基础。对地方文化资源的产业化开发是地方可持续发展的必然选择。但由于当前我国各地的文化资源产业化还存在一些问题,因此要求各地在产业化过程中选择正确的发展战略,对地方文化资源的产业化进行培育与保护。

【学习目标】

1. 了解地方文化资源培育与保护的内涵。
2. 掌握地方文化资源培育与保护的原则。
3. 理解地方文化资源培育与保护的关系。
4. 认识地方文化资源培育与保护的路径。

第一节　地方文化资源培育与保护概述

一、地方文化资源培育与保护的内涵

地方文化资源培育与保护就是指对人们从事文化生产或文化活动所利用或可供利用的各种资源的培育与保护的过程。根据性质不同,文化资源可分为物质文化资源和精神文化资源两种。既包括文化事业资源,也包括社会其他资源。它是各民族、各地区在自身发展过程中所沉淀下来的文化的物质或者精神的载体。文化资源包括历史人物、文物古迹、民俗、建筑、工艺、宗教信仰、语言文字、戏曲等,也包括现代城市文明。

地方文化资源以两种形式进入个体的生活世界,影响、塑造着个体。一种是以显性的地方性知识供给个体,它由书本及学校以外的文化和知识所定义,个体在日常生活及与地方成员的交往中传递并获得这些知识,从而不断丰富个体的生活及经验,使个体获得地方文化认同。历史文化遗存、人物掌故等都以这种方式进入个体生活。另一种是以隐性的地

方传统和精神的形式规约并塑造个体。它存在于一个地方成员的集体意识及精神观念里，如地方传统、道德风俗、价值观等，在面对面的社群及生活中，它通过社会教化的方式代代相传。一方水土养一方人。每一个生于斯、长于斯的个体在浓郁的地方文化氛围中耳濡目染，在享用先辈们所创造的物质成果、精神成果的同时，也逐渐形成有别于其他地区个体独特的精神面貌与内在气质。

二、地方文化资源培育与保护的原则

（一）坚持培育与保护的创新原则

当前一些地方把拥有的文化资源视为单纯的静止的存在，把"保护"理解为对这种存在的具体保存和维护。这种认识，引出就地修补、异地转迁、圈隔固守、采集保存等常见措施。实际上，任何地方文化资源，作为人类特殊的精神创造，都是一种生命的存在，因此应将对象视为有生命的活态存在，"保护"的本质要义，在于维护和强化其内在生命，增进其自身"可持续发展"的能力。无疑，这才是地方文化资源保护有效的固本求生之道。

文化资源的动态性特点，决定了我们在进行保护时不能故步自封，而要把握住其发展变化规律，以发展的辩证的眼光来看待它。既然地方文化资源是一种生命存在，它就不可避免地在与自然、社会、历史的互动中不断发生变异。这种变异，有正负两个方向：其负向为畸变——走向扭曲变形，导致自身基因谱系的损伤以至断裂，目前为数不少的在市场炒作下出现的伪民俗即是；其正向便是创新——它是地方文化自身生命在面对新的生存环境时，吐故纳新，顺应同化，自我调节变革的结果，是传统价值观与现代理念交合转化的新生态，尽管外形已有所不同，其内里却始终保持着基因谱系的连续性。这种积极创新，促使保护对象得以应时而变，推陈出新，生生不息。因此，在进行地方文化资源保护时，要有一种开放的目光和创新的意识，不能墨守成规，要善于把文化资源保护与文化资源创新有机结合起来。务必要认识到全球化带来趋同化的巨大影响。人们尽管处于不同地域，在生活方式、生产方式、价值观念上越来越明显趋同。人们吃同样的食品，喝同样的饮料，听同样的音乐，跳同样的舞蹈，统一性的趣味越来越强，而地方性的色彩渐趋淡化。由此要确立全球意识来审视自身的问题，有效避免文化资源保护和开发的雷同及低层次的同质化竞争。

（二）坚持培育与保护的整体原则

所谓"整体"有两重含义：一是生态整体。这是由地方文化资源的生态特性决定的。它要求在对某一具体事项进行保护时，不能只顾及该事项本身，而必须连同与它的生命休戚与共的生态环境一起加以保护。二是文化整体。一种特定的地方文化是多种多样、丰富多彩的，虽然在具体内涵、形式、功能上有所不同，但它们都是该地方精神情感的衍生物，具有内在的统一性。我们所要保护的，正是这样一个文化整体。如果我们对地方文化资源的保护不能从整体上加以把握，而仅仅强调某一种资源优势，那么这种优势将会随着整体生态环境的恶化以及文化基因的突变、文化生命链的断裂而丧失，或者极容易被异地利用，为异地开发提供更多的机会和可能，从而造成资源的严重流失，最终使优势变成劣势。如许多地方古迹、文物被改头换面，重新包装，失去了古迹文物的原貌；许多民间舞蹈、仪式、风俗习惯被庸俗化、简单化，失去了原有的神韵；在部分地方，一些古迹、文物和建筑在开发名义下遭到严重破坏，有些甚至是毁灭性的破坏。没有保护的掠夺式开发，无异于竭泽而渔，最终会导致资源的枯竭。

（三）坚持培育与保护的人本原则

地方文化的全部生机活力，实际都存在于生它养它的地方人群之中，在精神和情感上他们是结为一体的。因此，从根本意义上说，地方文化资源的保护，首先应该是对创造者、享有者和传承者的保护。同时也特别依赖创造、享有和传承这一资源的群体对这一资源的切实有效的保护和新的创造。

就地方文化资源的保护来说，有形文化资源与无形文化资源的保护模式应有区别，有形文化资源应以在保持原生态基础上的移植性和开发性保护为主，同时与博物馆保护相结合；对无形文化资源的保护可采取研究型、教育型保护，通过展示研究成果，把地方文化纳入学校教育内容等方式，使之为更多公众知晓。对重要的无形文化资源可采用确立传承人的办法。

在有效保护地方文化资源的前提下，应视具体情况进行适度开发利用，发挥地方文化资源的经济效益和社会效益，推动地方文化产业健康发展并反哺地方文化的继承者和创新者。同时我们一定要清醒地认识到，并不是所有的文化资源都可开发为文化产品或文化服务。比如，部分宗教文化、一些概念性的地方文化以及部分历史名人等等，它们所承载的更多是一种形象价值、宣传价值、教化价值，难以转化为具体的包含着经济价值的文化产品。

三、地方文化资源培育与保护的关系

（一）保护与传承的关系

保护的目的不只是让地方文化进博物馆，还要通过传承，真正让它活在民间，且能不断发扬光大。比如，对我们而言，声音地方文化是相当特殊的一种地方文化，拯救濒危的声音地方文化已到了刻不容缓的时候。中山大学中国非物质文化地方文化研究中心副主任宋俊华教授说："根据目前掌握的信息，全国能专门表演口技的民间艺人仅有三五人。"被称为"天籁之音""蒙古族民间音乐活化石"的呼麦，目前会的只有几十人。近年来，随着大、小兴安岭禁伐，林业工人的号子声也消失了。还有川江号子等，由于时代的变迁，已经在生活中逐渐失去了存在的土壤。而声响艺术是一种活态地方文化，拯救声音绝不是简单地把录音录像放在博物馆里，像标本那样保护，而要保存其固有的生命力，通过保护促进传承，只有活态的传承才能实现真正意义上的保护。

（二）保护与利用的关系

文化资源的保护和利用在现实生活中往往彼此冲突，人们很难把握好这个度。其实，保护不是自我封闭，不是与世隔绝，而是要让它融入现实生活，达到有效保护与合理利用的最佳效果。《国家文物保护法》已经明确了"保护为主，抢救第一，合理利用，加强管理"的方针。我们必须用可持续发展的眼光看待名胜古迹的保护问题，历史文化名城、古街区的保护与建设必须与国家经济社会的发展相协调，不仅仅是保护的问题，还应该加以合理利用。须知，文物的保护与利用是一个不可分割的整体，保护是前提，利用是目的，两者并重。

（三）保护传承与创新开发的关系

时代在发展，人类在进步，地方文化的保护传承也不能因循守旧，与时代严重脱节，而应与时俱进，既要保持并发扬其固有艺术形式，还应以现实主义的见地去批判，即在传统中加以发展和变化，给古老的艺术注入新的生命力，只有这样，地方文化才能成为穿越时代的产物，成为世界的艺术。特别是现在，传统文化正面临现代文明的强烈冲击，同时，商业化的"话语霸权"更是不可抵挡。在这种情况下，观念首先要转变，必须要有革新意识，任何抱残守缺的想法和行为，在这场来势汹汹的全球化和现代化浪潮中，都只能被无情地淘汰。因此，一切活的地方文化都必须尽快转型，一方面要保持自己原生态的文化根脉——这就是它的文化特征和审美特征；另一方面，又必须适应现代社会和现代人的实际需要，在内容和

形式等诸多方面,融入现代元素,这样保护传承才有现实基础和发展空间。

(四)急功近利与统筹规划的关系

在对待地方文化资源的保护与开发这个问题上,急功近利与统筹规划是两种截然不同的态度并产生两种不同结果。在统筹规划方面,江苏镇江的西津古渡堪称榜样。西津古渡坐落在江苏镇江市内西部云台山麓,曾是长江天堑下游地区主要渡口之一,马可·波罗曾在这里登岸前往江南游历。这里累积着四个不同层次的历史文化层,即渡口文化层、租界文化层、民国文化层和工业文化层。尽管昔日的繁华已荡然无存,但整体风貌依旧,街巷空间布局完整,古迹文物众多。当地政府没有急功近利盲目搞旅游开发,而是把国内顶级的文物保护与建筑学专家请来,让专家主导古街区的规划与修缮。在专家的指导下,相继出台了一系列保护的政策措施。这些政策从保护历史文化地方文化的角度出发,在宏观和微观上都明确了西津古渡历史街区保护建设的总体原则、功能分区与定位、保护手法和发展规划,为实施保护更新工程勾画出了科学的蓝图。2001年,西津古渡一期保护工程荣获联合国教科文组织亚太地区文化地方文化保护奖,是我国较早获得该奖的项目之一。不仅如此,西津古渡在具体的保护中还体现出文物保护与民居改造的有效结合,遵循着"可走可留,可修可换"的大原则:政府提供了200套安置房,愿意迁出的市民,政府负责安置住处或提供经济补偿。愿意留下的居民,有关部门统一对其房屋进行修缮与改造,在修建技术与工艺上,按照修旧如旧、分门别类的原则,在不破坏房屋整体结构的基础上,形成古街区民居的整体风格。对于当代建筑进行仿古改造。修建材质尽量选用旧材料,使用传统工艺修复,各种管线全部下埋,考虑现实生活因素,在修建古街区的同时,重视提升当地居民的生活质量。所有这些,都避免了古街区保护中出现的人为割裂历史遗存与居民生存的关系,甚至以牺牲居民的各种利益为代价来保护历史地方文化的种种弊病。

第二节 国外文化资源培育与保护的经验

地方文化资源的保护主要是制度、机制和措施三个方面共同作用的结果,构建了一个"三位一体"的保护体系。其中,保护机制是核心,保护制度是保障,保护措施是根本。它们三者之间又形成一个相互作用、相互影响,且不可分割的整体。

一、国外文化资源培育与保护的经验

(一)完善的保护制度

1.相关的法律制度

国外对地方文化资源的保护始终遵循"法律制度先行"的原则,并建立起严密、完善及具体可行的法律保护体系。如美国的《国家历史文化保护法》(1966),法国的《马尔罗法》(1962),英国的《古迹保护法》修订(1931)等。意大利、俄罗斯、波兰、日本和韩国等国家也都较早制定了地方文化保护法。

2.教育及培训制度

国外非常重视对国民开展相关知识的宣传教育,以及培训专门的技术人员,从而确保地方文化保护措施的实现。在西班牙,中小学就开设有关地方文化保护方面的课程,同时国家还出资建立了地方文化保护和修复学校,培养大量的专业技术人才;意大利自从1997年起,每年都要举办"地方文化周",免费开放大量的博物馆、文化和私人住宅,以增强民众珍爱历史文化地方文化的意识;波兰的华沙美术学院、克拉科夫美术学院等,负责进行地方文化保护教育培养和对从业者的专业技术培训。

3.传承人保护制度

传承人是地方非物质文化资源保护的核心。目前日本和韩国等国家都已形成了较好的保护制度。如日本政府对被称为"人间国宝"的传承人发放一笔扶助金;韩国政府制定了"金字塔式"传承人保护制度。

(二)科学的保护机制

1.资金投入机制

国外大多数国家都建立起了一套长效合理的资金投入机制,以确保地方文化资源的保护到位。在保护资金的来源方面,形成以政府为主导,非政府组织、社会团体、慈善机构和个人(志愿者)等多元主体参与的保护机制。在美国,除联邦政府每年拨给国家公园管理局一定的保护经费外,还通过减免税费和降低门票价格等方式吸收社会各界的投资;在英国,保护资金除了来自国家和地方政府的财政拨款和贷款外,还有一些非政府组织和志愿者也会进行捐赠以及提供一些无偿的服务;意大利政府还通过发行文物彩票方式获得一定的专用资金。另外,俄罗斯、日本以及印度、墨西哥、埃及等发展中国家也对地方文化资源保护工作非常重视,并在资金投入方面有相应的机制保障。

2. 公众参与机制

社会化程度高是国外地方文化保护工作的一个重要特点。公众参与地方文化保护最早起源于美国,即1853年由安妮·坎宁安发起的拯救乔治·华盛顿旧居的运动,而后发展成为全国性的非政府保护组织;在英国,1877年民间就成立了最早的保护组织——古建筑保护协会;在法国,一些地方通过委托民间社团组织托管的方式,实现对地方文化的有效保护。另外,在意大利、波兰、日本、韩国等国家民众参与地方文化保护的形式有很多种。

3. 国际交流与合作机制

一些国家非常重视深化地方文化的国际文化交流与合作,积极开展国家间的多边文化合作,推广本国文化并获得国际社会的认可和肯定,以巩固和提升文化的影响力。同时推动本国地方文化资源的保护和可持续发展。意大利的威尼斯,政府斥资保护文化地方文化的同时,积极寻求国际合作,并得到了世界各地30多个民间保护组织募集保护资金等方面的支持;波兰通过参与"欧洲地方文化日",加入欧洲历史文化地方文化保护的网络体系,获得了大量的国际资金支持。此外,菲律宾、泰国等国家也积极参与国际交流与合作,并得到联合国教科文组织的肯定和保护性支持。

(三)有效的保护措施

1. 建立有效的组织体系

组织体系是实施地方文化资源保护的重要前提。美国建立了国家公园制组织管理系统;意大利有国家地方文化部负责的多层次、多区域的组织管理;在波兰,中央政府设立了文化保护部门;日本有文物保护行政管理部门和城市规划行政管理部门;韩国的地方文化委员会是主要的组织管理机构。

2. 倡导科学的分级保护

国外十分注重根据本国的实际情况而制定科学的保护理念,如采用分区管理、分级管理以及利用本国民族文化,以使旅游开发与生态保护相结合等,从而实现地方文化资源的可持续发展。美国的公园分为国家公园和州立公园;意大利的文物保护有四个等级,每一等级都有具体的保护措施;日本的地方文化资源也被划分为若干个等级,并根据其重要程度,采用不同的保护手段。

3. 保护传统的民俗文化

国外十分注重保护和弘扬本国的传统文化,以增强民众的民族自豪感,同时吸引公民自觉加入到保护地方文化的行列。英国伦敦白金汉宫皇家卫队换岗仪式,几乎每次都会吸引数万游客;韩国政府十分注重民俗节庆文化,如每年的江陵端午祭和祭日演出的假面戏等,都会吸引很多观光者。

二、地方文化资源培育与保护的路径

中华五千年光辉灿烂的文明史,给我们留下了宝贵而丰厚的历史文化资源,它记录着人类社会的进步,是人类创造的物质文明和精神文明的积淀,也是社会文明的结晶。因此,我们要采取有效的措施促进地方文化资源培育与保护。

(一)确立地方文化资源培育与保护的战略

当今,地方文化资源产业化已经成为发达国家国民经济的支柱产业之一,是当代世界综合国力和国家竞争力的重要组成部分。发达国家的实践表明,充分利用和开发各种文化资源,有效地挖掘文化资源的价值,最大限度地实现地方文化资源的产业化是创新型国家形成的重要战略举措。对于我们这个历史悠久、幅员辽阔的国家来说,我们不仅要从整体上强调地方文化资源的保护与开发,还应该真正重视对每个"地方"的文化资源产业化开发。"不积小流,无以成江河",只有充分开发利用各地的文化资源,才能提高我国文化资源产业化的整体发展水平,为我国文化产业发展提供源源不断的发展动力。当前我国各地文化资源产业化开发还面临着种种问题,如果要解决这些问题,在开发利用文化资源过程中就必须选择正确的发展战略。

(二)对地方文化资源进行价值评估

文化资源是发展文化产业的资源基础,但并不是所有的文化资源都能够进行产业化开发的。如何合理评估文化资源的开发价值,实现文化资源的可持续开发,是地方文化资源产业化开发过程中面临的首要问题。在地方文化资源的产业化开发实践中,首先厘清地方内文化资源的种类、数量以及质量,摸清地方文化资源的家底;其次根据地方文化资源实际情况,进行文化资源评价指标体系的设计。在设计过程中,可以参考目前国内外对文化资源的评估和鉴定已经有的研究成果和方法,既注意文化资源的保护,以避免出现破坏文化资源的情况,又需要把握从发展文化产业的角度进行文化资源的评估。最后,建立一套科学的文化资源评估指标体系对地方的文化资源进行评估,为地方文化资源产业化开发提供科学的资源数据和理论指导。

（三）以地方文化资源综合效益最大化为目标

十八大报告指出,发展文化产业要坚持把社会效益放在首位,社会效益和经济效益相统一。文化资源产业化开发的根本目的是通过资源的物态转换,实现资源经济价值,追求经济效益的最大化。但是由于文化资源是一种特殊的资源,与一般的自然资源不同的是,它不仅具有促进区域经济发展的经济功能,更重要的是兼具文化传承、教育、文化提升等多种社会功能。如果单纯追求经济效益最大化,对文化资源社会功能的全面发挥是极其不利的。目前在经济发展过程中,生态环境保护面临越来越大的压力,在全球提倡绿色经济发展的潮流下,文化资源产业化开发中还应注重发挥生态效益,实现自然、社会和人类的和谐发展。因此,在进行文化资源的产品开发过程中,必须坚持经济效益、社会效益、生态效益并重的原则,实现综合效益的最大化。这不仅是文化资源价值和功能得以全面体现和全面发挥的要求,更是社会文明科学进步的时代要求。

（四）推进地方文化资源培育与保护的立法工作

我们要学习、借鉴国内外的成功经验,用法制化手段来约束和规范文化资源开发行为。具体地说,就是要根据地方文化资源开发行为的发展变化,制定相应的政策法规,使地方文化资源开发逐步走上法制化轨道。在制定政策时,必须考虑到它的包容性和可操作性。目前我国已有一些与地方文化产业密切相关的保护条例和政策,但大都是出台了相当长时期的宏观政策,缺乏可以阶段性地实施的、符合当地实际情况的可操作性强的具体细则。各地在进行开发时,对经济、社会、文化、生态协调发展认识不充分,特别是一些贫困地区为生计所迫,急功近利,不注意开发行为的规范性,对文化生态造成破坏,导致了不利于可持续发展的结果。这些问题,都要用法制的手段解决。

（五）加强地方文化资源培育与保护的可持续开发

可持续发展是人类社会走向世纪文明的共同道路,是现实社会、经济、环境和人口协调发展的必然选择。在文化产业领域,文化可持续发展价值观的重要性尤其突出,由于文化的延续性和传承性是文化发展的基本动力之一,因此文化的可持续发展要求决定了地方文化资源的培育与保护。必须尊重和保护人类的精神地方文化,并对人类精神文化的延续作出有益贡献。

（六）地方文化资源培育与保护的环境意识

城市环境包括人文环境和自然环境,是一座城市在长期的发展建设中形成历史的、文化的、特有的、地域的、景观的氛围和环境,是一种历史和文化的积淀。普遍存在的低水平、低层次、简单、快速的城市更新,不会注重保护和延续城市的文脉,使城市的文脉遭到破坏和人为的割裂。我们应制订专门的保护计划,确保地方文化资源培育与保护,提高公众对历史文化资源保护开发的环境意识,使其重视地方文化的环境,依靠专业人员适时地、不间断地进行科普活动。利用一切可以利用的机会,让公众能够认识到历史文化资源环境的现实价值和长远价值。

（七）制定地方文化资源培育与保护配套政策

目前,我国从历史文化名城的命名、文物保护单位的确定、历史地段的划定、历史名镇名村的确定、世界地方文化的申请到保护规划的制定,应该说已经形成完整独立的保护体系。按照这样一个工作体系,应该能够做到在建设中贯穿保护,在保护中融入更新,编制出完善的城市更新与保护规划。但是多年来仍不断出现破坏历史遗迹的现象。世界各国的成功经验表明,城市历史文化地方文化保护的成功与否,主要取决于保护制度是否完善。尽管各国的保护体系不同,但历史文化地方文化保护制度通常都包含有法律制度、资金保障制度、社会行政管理制度、公众参与制度和监督制度。对比之下,我们不但有很多制度有待于再完善,在配套政策整合方面也还有很多工作可以做。

制定地方文化资源培育与保护的开发配套政策,最终实现六个转变,即由单纯强调法律法规条文,向怎样落实法律法规条文转变;由无序保护和零散保护,向整体保护和有规划地保护转变;由单纯强调保护,向强调保护与利用相结合转变;由注重文物单体保护,向注重文物片区保护转变;由单纯依靠文物部门保护,向各方共同参与转变;由政府单一投入,向社会多元投入转变,形成国家保护为主,全社会共同参与的历史文化名城保护机制。

（八）整合地方文化资源培育与保护的相关要素

地方历史文化资源的培育与保护需要整合相关的要素,包括认识整合、机制整合、法规整合、目标整合。

1. 认识整合

城市建设的决策权掌握在当地首长手中,可以这样说,市长的高度和水平在很大程度上决定了一个城市发展的命运。提高决策者对历史文化资源保护开发的认识,使其重视城市文化特别是历史文化在城市发展中的战略作用,必须依靠专业人员适时地、不间断地进行科普活动。利用一切可以利用的机会,让当地决策者能够认识到历史文化资源的现实价值和长远价值。

2. 机制整合

历史文化名城的保护是一项社会系统工程,需要全社会的共同参与。根据"国家保护为主,动员社会参与"的要求,可以在作好规划的前提下,采取市场运作、连片开发、招标开发的方式,吸引社会资金做好历史文化名城保护这篇大文章。要深入研究市场经济条件下历史文化名城保护与开发利用的政策,应鼓励在法律允许的情况下,在以保护为主不改变文物原貌的前提下,多方筹集资金,积极探索文物保护的新路子。

3. 法规整合

规划要因地制宜,突出特色,尊重城市发展的历史和现状,提倡规划决策的科学性、民主性,建立完善的规划决策体系。要提倡公众参与,采取公示制度,体现公共利益,体现出规划的社会可接受性,避免造成失误。而规划一经制定并通过法定程序批准后,就要严格执行,坚持法制化、一贯性、连续性,避免城市建设和保护工作的脱节和失误。

4. 目标整合

在城镇化加速发展阶段,城市更新、城市改造、城市开发与历史文化资源的保护不可避免地存在着冲突和矛盾。由于城市发展中许多现实的经济、社会问题往往表现为更具迫切性、短期型、趋利性,而历史文化资源保护的效益具有长远性和间接性,使长远利益和近期利益的协调和妥协成为日常管理的难题。因此,必须把长远利益与近期利益结合起来,把保护和开发的目标有机的整合起来,从其他的目标中找出本目标的共同点,延续和发展城市的文脉。

本章小结

丰厚的地方文化资源是可以随处触摸到的我们民族的灵魂。毫无疑问,人们都明白保护地方文化资源的重要性,不仅要使它不受或少受损害,还要能继续彰显传承下去。我们在地方文化资源产业化保护与培育应该在此过程中加深相应的思考,以保证地方文化资源在保护与开发过程中达到良性状态。

思考与探讨

1. 简述地方文化资源培育与保护的内涵。
2. 地方文化资源培育与保护的原则是什么?
3. 如何理解地方文化资源培育与保护的关系?
4. 论述地方文化资源培育与保护的路径。

第七章　非物质文化遗产的保护与开发

非物质文化遗产承载着人类社会的文明,是世界文化多样性的体现。我国非物质文化遗产所蕴含的中华民族特有的精神价值、思维方式、想象力和文化意识,是维护我国文化身份和文化主权的基本依据。适度的非物质文化遗产产业化开发是传承非物质文化遗产的一种有效方式,有利于非物质文化遗产的保护和可持续发展。

【学习目标】

1. 掌握非物质文化遗产的界定和特点。

2. 了解非物质文化遗产保护的原则。

3. 认识非物质文化遗产与其他文化遗产的关系。

4. 理解非物质文化遗产开发的意义。

第一节　非物质文化遗产保护概述

一、非物质文化遗产的界定和特点

(一)非物质文化遗产内涵的界定

根据联合国教科文组织《保护非物质文化遗产公约》定义:非物质文化遗产指被各群体、团体(有时为个人)所视为其文化遗产的各种实践、表演、表现形式、知识体系和技能及其有关的工具、实物、工艺品和文化场所。各个群体和团体随着其所处环境、与自然界的相互关系和历史条件的变化不断使这种代代相传的非物质文化遗产得到创新,同时使他们自己具有一种认同感和历史感,从而促进了文化多样性和激发人类的创造力。

根据《中华人民共和国非物质文化遗产法》规定:非物质文化遗产是指各族人民世代相传并视为其文化遗产组成部分的各种传统文化表现形式,以及与传统文化表现形式相关的实物和场所。包括:(1)传统口头文学以及作为其载体的语言;(2)传统美术、书法、音乐、舞蹈、戏剧、曲艺和杂技;(3)传统技艺、医药和历法;(4)传统礼仪、节庆等民俗;(5)传统体育和游艺;(6)其他非物质文化遗产。属于非物质文化遗产组成部分的实物和场所,凡属文物的,适用《中华人民共和国文物保护法》的有关规定。

(二)非物质文化遗产的主要特点

1. 独特性

非物质文化遗产一般是作为艺术或文化的表达形式而存在的,体现了特定民族、国家或地域内的人民的独特的创造力,或表现为物质的成果,或表现为具体的行为方式、礼仪、习俗,这些都具有各自的独特性、唯一性和不可再生性。而且,它们间接体现出来的思想、情感、意识、价值观也都有独特性,是难以被模仿和再生的。

2. 活态性(或无定形性)

非物质文化遗产重视人的价值,重视活的、动态的、精神的因素,重视技术、技能的高超、精湛和独创性,重视人的创造力,以及通过非物质文化遗产反映出来的该民族的情感及表达方式、传统文化的根源、智慧、思维方式等,世界观、价值观、审美观等这些意义和价值的因素。非物质文化遗产虽然有物质的因素、物质的载体,但其价值并非主要通过物质形态体现出来,它属于人类行为活动的范畴,有的需要借助于行动才能展示出来,有的需要通过某种高超、精湛的技艺才能被创造和传承下来。

3. 传承性

从历史上看,非物质文化遗产的传承主要依靠世代相传保留下来,一旦停止了传承活动,也就意味着死亡。而且,往往是口传心授,打上了鲜明的民族、家族的烙印,传承人的选择和确定主要着眼于与被选择者的亲密关系与对其保密性的认可。通常,以语言的教育、亲自传授等方式,使这些技能、技艺、技巧由前辈那里流传到下一代,正是这种传承才使非物质文化遗产的保存和延续有了可能。而这些非物质文化遗产也成为历史的活的见证。假使没有了这些传承活动,就不存在这些动态的表现活动,也就更谈不上非物质文化遗产了。

4. 变异性(亦称之为传播性、移植性或可借入性)

从共时性来看,非物质文化遗产或通过一方有意识地学习、另一方的悉心传授,或老百姓之间的自发地相互学习等文化交流方式得以流传到其他民族、国家和区域,这就导致了非物质文化遗产的传播。但这种传播呈现出活态流变的性质,这使非物质文化遗产的共有共享成为可能,而且这也是它与物质文化遗产的重要区别之一。

5. 综合性

非物质文化遗产是各个时代生活的有机组成部分,它是一定时代、环境、文化和时代精神的产物,必然与当时的社会生活有着千丝万缕的关系。而且,由于它基本上是集体的创造,从而与局限于专业或专家的文化拉开了距离,这就导致了它的综合性,有许多非物质文化遗产常常是与物质文化遗产联系在一起的。

6. 民族性

民族性是指为某一民族独有,深深地打上了该民族的烙印,体现了特定民族的独特的思维方式、智慧、世界观、价值观、审美意识、情感表达等因素。有时,随着文化交流的深入,某种非物质文化遗产流传到了其他地方,但不同民族仍然会使其打上不同民族文化的烙印。特定民族的特性表现在从形式到内容的各个方面。

7. 地域性

就一个民族来说,每一个民族大都有自己特定的生活和活动的地域,该地域的自然环境对该民族有很大影响,进而会在此基础上形成该民族的文化特征。通常,非物质文化遗产都是在一定的地域产生的,与该环境息息相关,该地域独特的自然生态环境、文化传统、宗教、信仰,生产、生活水平,以及日常生活习惯、习俗都从各个方面决定了其特点和传承。

二、非物质文化遗产保护的基本原则

(一)整体性原则

保护非物质文化遗产,这是一个触及范围广且繁杂的综合性工作。如何规划和利用是十分重要问题,若盲目开发和利用则会造成不可想象的后果,因此,为了实现保护和利用良好互动的双赢效果,必须首先要坚持整体性原则。

1. 对非物质文化遗产整体生存空间的系统保护

任何事物都是特定环境的产物,非物质文化遗产也不例外,如果脱离其存在的具体环境,任何保护问题都会变成一纸空文,没有任何意义。因此,要抓紧以下两项工作:一是尽快制定整体保护规划。非物质文化遗产特点各异,各地应根据本地区的整体分布状况,以制定相应的保护规划和策略,对其保护目的、范围和措施加以明确,形成点面结合的非物质文化遗产保护系统。二是应尽快形成保护体系。在整体性和系统化的原则下,通过层层渗透的合理布局,加强管理,形成合理有序的保护格局,克服盲目性和局限性,形成一个可持续发展的具有中国特色的保护体系。

2.对非物质文化遗产本身的整体保护

众所周知,多种技能和技艺共同构成了非物质文化遗产,保护工作应当针对其完整的程序与技能。如果仅仅是保护和传承其中的某项技艺,而置其他技艺于一旁,即使保护得再好,也无法将技艺圆满的传承下来。因此,从微观角度来讲的整体保护,就是对此技艺全部程序和技术的完整保护。

(二)濒临遗产优先原则

非物质文化遗产保护,归根到底是保护一个国家或民族在长期的历史发展过程之中,传承下来的具有历史价值、艺术纪念价值和科学价值的文化精华。我国的非物质文化遗产数量众多,根据我国的实际情况,不可能将所有的文化遗产都能够进行完善的保护,很多非物质文化遗产由于传承人病危或社会转型等各种原因,而沦为濒危遗产。所以此时我们必须分清缓急轻重,合理有序地进行保护工作,齐集主要人力、财力、物力,及时并准确采取适当而有效的抢救行动来对那些即将或已然处在濒临灭绝状态珍藏下来,为后人在创造新文化的同时保留更多的文化财富,从而进一步丰富中国乃至世界的文化宝库。我们应遵循濒危遗产优先性这一基本原则,重点保护那些技艺复杂、学习周期长、传承人年老体弱、市场严重萎缩等各种因素约束而难以正常传承发展的非物质文化遗产项目。

(三)人本原则

1.满足民众的各种物质文化需求

在非物质文化遗产保护和利用的过程中的一个重要原则就是以人为本,应当将出发点和落脚点定位于满足人民大众的各种物质文化需求,从而进一步调动活跃人们关于保护非物质文化遗产的积极性。当然,要必须尊重和认真听取群众对于保护非物质文化遗产的意见和建议,兼顾到其各方面的利益。与此同时,要做好保护工作,也必须在社会中营造一个良好的保护氛围,只有民众真正从内心意识到非物质文化遗产的重要性,是与自己的生活密切相关的,保护工作才有可能真正成为民众的自觉自愿行为,进而才会赢得最好的实际保护效果。

2.对非物质文化遗产传承人实施全方位保护

非物质文化遗产,从其表现形式可以看出其最大的特征就是"非物质",它一般以一种技术、技能和知识的形式存在于其持有者的大脑之中。因此,我们应当着重保护好非物质文化遗产传承人,防止非物质文化遗产消失;另一方面,要鼓励并采取各种措施推动传承人收徒授业,保证非物质文化遗产后继有人、绵延万代,以免在社会的飞速发展中流失或失传,造成无法弥补的损失。所以,非物质文化遗产的抢救保护问题,最重要的就是非物质文化遗产传承人的保护。

(四)发展原则

我国是一个幅员广阔且民族众多的国度,非物质文化遗产遍及我国众多区域。在非物质文化遗产保护工作中会碰到各种问题,如区域繁多、覆盖面大、内容繁杂、投入巨大等,因而要立足长远,坚持循序渐进的原则,做好打持久战的准备和行动。保护非物质文化遗产,是一项利于万代并有效促进社会可持续发展的战略性工作,这是一个长期的过程,是不能一蹴而就的。而是可以通过长远规划、分步实施、步步推进的办法,分阶段提出目标、任务和要求,循序渐进,逐步实施,同时做好短期目标和长期目标的辩证统一,短期目标最终是为了促进长期目标的实现。根据实践,通过短期目标来逼近长期目标是一种非常符合我国实际国情的方式。

三、非物质文化遗产与其他文化遗产的关系

(一)非物质文化遗产与自然遗产的关系

第一,自然遗产是通过自然力量的作用形成的。由于从审美或科学的角度看,具有普世性价值,所以才需要保护,其形成的动因和过程都是大自然自身的变化,并没有主观的人的因素的参与;而非物质文化遗产则是人类活动的产物,无论其创造,还是其传承,都需要有人的参与,离开了人的参与,根本就谈不上有非物质文化遗产。

第二,自然遗产的产生和存在主要是大自然自身变化的结果;而非物质文化遗产需要人类的继承和发扬,否则可能会消逝。

(二)非物质文化遗产与世界文化遗产的关系

从历史、审美、人种学或人类学角度看,世界文化遗产应包括文物、建筑群、遗址,具有突出的普遍价值的人类工程或自然与人联合工程以及考古地址等地方。可见,非物质文化遗产与世界文化遗产都是人类的创造,离开了人的参与,它们既不能产生,更谈不上长期存在。二者也有重合的地方。其区别是关注点的不同:世界文化遗产所关注的主要是人工

的、有形的、物质形态的文化遗产的保护,而且,这些遗产基本上是不可再生的;非物质文化遗产关注的主要是精神、技艺和创造等非物质形态的因素。

（三）非物质文化遗产与传统民族民间文化遗产之间的关系

1.非物质文化遗产与传统民族民间文化遗产之间共同之处

传统民族民间文化遗产指的是农耕时代民间的文化形态、文化方式、文化产品,一切物质和非物质的遗存。这说明了民族民间文化遗产所具有的时代特征(农耕时代)和民间特征。非物质文化遗产中的一部分便是民族民间文化遗产,民族民间文化遗产中也有一部分属于非物质文化遗产,而它们之间相互交叉的部分便是其共同点。

2.非物质文化遗产与传统民族民间文化遗产不同之处

第一,非物质文化遗产的一部分不属于传统民族民间文化遗产。非物质文化遗产中一部分是由民间的百姓创造,并通过他们传承下来的,但也包括一部分主要是通过官方创造和保留下来的文化遗产(如云锦),这后一部分文化遗产却不属于传统民族民间文化遗产。

第二,属于传统民族民间文化遗产的并不都是非物质文化遗产。国际上规定的"有形表达形式,如民间艺术品、乐器、建筑艺术形式",其形式本身便不是非物质文化遗产。

（四）非物质文化遗产与文化景观遗产的关系

文化景观遗产包括了由人类有意设计和建筑的景观、有机进化的景观和关联性文化景观等三种类型,其主要意义是人类长期的生产、生活与大自然所达成的一种和谐与平衡,与以往的单纯层面的遗产相比,它更强调人与环境共荣共存、可持续发展的理念。实际上,有机进化的景观主要是自然景观,不属于非物质文化遗产的范围。只有"由人类有意设计和建筑的景观"和"关联性文化景观"与非物质文化遗产有关。也就是说,这些景观因为人类的杰出创造或与人类的文化的深刻联系而具有了重要的价值。

第二节　非物质文化遗产的产业化开发

一、非物质文化遗产开发的内涵和运营方式

（一）非物质文化遗产开发的内涵

"开发"在现代汉语词典中对其的解释包括两重含义:(1)以荒地、矿山自然资源为对象

进行劳动,以达到利用的目的;(2)发现或发掘人才、技术等供利用。这里所说的"非物质文化遗产开发"的开发,应是属于其第二重意义。因此,非物质文化遗产开发即是指在以保护第一作为根本前提的条件下,发现非物质文化遗产所潜藏的社会经济效益,挖掘非物质文化遗产的社会、经济利用形式,以保护非物质文化遗产的生存,促进非物质文化遗产传承、传播以及发展,丰富文化多样性和人类创造性,以促进人类社会的全面进步和发展。

(二)非物质文化遗产开发的市场运营方式

1.非物质文化遗产商业化经营的概念

非物质文化遗产商业化经营是指将某种非物质文化遗产成品作为商品而进行的商品化营销。这里所说的"某种非物质文化遗产",必然是经营性非物质文化遗产,若是公益性非物质文化遗产,对其商业化经营定会损害公众利益,损害整个非物质文化遗产链条的完整性,不利于非物质文化遗产的长远保护。商业化经营的对象不是完整的非物质文化遗产,而是其中的"终端部分"——"成品",那么,对其进行商品化营销,一般情况下是不会对非物质文化遗产的保护造成不利的影响,但是,某些已经濒临消亡或者已经灭亡的非物质文化遗产,这些非物质文化遗产成品就是历史的遗物,政府、社会或个人都必须加以积极的及时保护,不能随意地在市场上流通,以免对非物质文化遗产成品造成损失,破坏非物质文化遗产的完整性。我们有义务保护非物质文化遗产的文物,若是后代子孙连从器物上来瞻仰非物质文化遗产的机会都不可得,便是莫大的悲哀。现实生活中有很多非物质文化遗产商业化经营的例子,如市场上的各类瓷器买卖、笔墨纸砚买卖等等。总之,非物质文化遗产商业化经营的对象是非物质文化遗产的成品,属于非物质文化遗产的"外形"范畴。

2.非物质文化遗产产业化开发的定义

非物质文化遗产作为准公共产品,介于私人产品与纯公共产品之间,供给方式是多元的,从产业化角度可以将其分为公益性非物质文化遗产与经营性非物质文化遗产。对于公益性非物质文化遗产基本上是由政府投入资金,主要是通过收集、整理、研究等以文物保存的方式进行保护。经营性非物质文化遗产主要包括民间文学、民间音乐、民间美术、传统手工艺、传统戏剧等,可以进行产业化运作,对这一类非物质文化遗产应当实行开发式保护,把过去私相授受、零散学习民间技艺的形式,变成一个完全按照市场规律运作的经济形式,以达到规模得当、规格统一、资源整合、利润可观的水平。那么,非物质文化遗产产业化开发就是指将某种非物质文化遗产作为一个项目,以市场为导向,以效益为中心,通过现代化技术或企业化管理模式,对非物质文化遗产实施规模化生产或整体性开发与利用。值得一提的是,这里的"某种非物质文化遗产"必须是经营性非物质文化遗产,而且是从整体上对非物质文化遗产进行布局和开发,开发的对象是非物质文化遗产的"内在"技艺之魂。非物质文化遗产适度产业化是在非物质文化遗产产业化开发基础上提出的新概念,即在产业化的过程中,充分挖掘现有的非物质文化遗产资源,在保护和不破坏现有资源的前提下,获取最佳经济效益。"适度产业化开发"要重点把握好非物质文化遗产产业化的内容、规模以及扩张速度等,在保护和开发之间达到利益权衡。

3. 非物质文化遗产产业化与商业化的关系

(1)非物质文化遗产产业化与商业化的共同点

无论是非物质文化遗产的产业化开发还是非物质文化遗产的商业化经营都是以市场为导向,以谋求经济效益为目的,以非物质文化遗产为根本立足点的一种经济行为。非物质文化遗产产业化开发必须以市场为导向,坚持"保护为主,合理利用"的基本原则,在保护和传承非物质文化遗产的基础上,遵循非物质文化遗产的自身发展规律,开辟出一条依托非物质文化遗产的优势资源的产业发展之路。

非物质文化遗产商业化经营虽然主要涉及的是非物质文化遗产的有形产品的交易买卖,但只要是存在买和卖,就必然要以市场为导向,而这种买卖行为就是为了谋求一定的经济效益。虽然这种买卖的对象是一些非物质文化遗产的成品,但也必须以非物质文化遗产为根本立足点,成品作为非物质文化遗产的"形",虽脱离非物质文化遗产本体,却仍然浑身流淌着非物质文化遗产的血液,这便是其能够作为商品流通的文化价值和经济价值所在。

(2)非物质文化遗产产业化与商业化的不同点

首先,两者的侧重点不同。非物质文化遗产产业化开发侧重的是非物质文化遗产作为一个整体产业或者作为文化产业或其他产业的重要资源进行开发,采用整体布局的方式对非物质文化遗产由内而外地进行开发。而非物质文化遗产商业化经营是对非物质文化遗产的终端产品进行买卖,侧重点只在非物质文化遗产的外在形态上,并没有延伸至非物质文化遗产的源头和内核。

其次,从发展规模上看,非物质文化遗产产业化开发的规模是要比商业化经营的大,产业化开发对非物质文化遗产的作用程度明显地高于商业化经营的作用程度。

最后,两者的影响力不同。产业化开发将从整体上对非物质文化遗产本身产生较大的影响力,小到非物质文化遗产的传承技艺培养和创新、传承和开发方法、成品的展现形式和营销形式等等,大到整个文化产业以及相关产业的发展等都会有较为全面的辐射式影响。而商业化经营只是营销非物质文化遗产成品,主要是影响非物质文化遗产实体部分的流通过程以及非物质文化遗产成品的供给生产和销售等方面,并不会对非物质文化遗产技艺层面有太大的影响。

二、非物质文化遗产产业化开发应遵循的基本规律

发展中国特色社会主义文化,壮大我国的文化产业离不开对非物质文化遗产的产业化开发。然而,当前我国的非物质文化遗产产业化开发还没有真正地步入正轨,各种乱开发现象甚至破坏非遗现象频发,不仅不利于非物质文化遗产自身的可持续发展,也不利于文化产业的合理布局,影响社会资源的优化配置。所以,非物质文化遗产产业化开发亟待理性化、规范化、科学化、制度化的治理。

(一)必须遵循非物质文化遗产的内在发展规律

首先,非物质文化遗产适度产业化开发必须坚持原真性原则。非物质文化遗产是一定时代、文化、环境和时代精神的产物,体现特定民族、国家或地域内人们的独特创造力,具有唯一性和不可再生性。所以,非物质文化遗产进行产业化开发必须坚持原真性原则,保留非物质文化遗产的精髓和血脉,为人们展现原汁原味的非物质文化遗产。非物质文化遗产本身就是由于其内在的独特性而被评定为"非遗",所以,保持其原真性才能保留其精髓。

其次,非物质文化遗产产业化开发必须坚持以人为本原则。非物质文化遗产是以传承人为载体的活态文化。在成品形成之前,它通常只是作为一种知识、技艺或是技能存在于非物质文化遗产持有者的头脑中。只有这些匠人、艺人或是普通百姓在以不同方式将它们复述、表演或是制作出来时,人们才会感受到它的存在。所以,对其进行产业化开发必须坚持以人为本原则,才能保证非物质文化遗产被完整地真正地表现出来。同时,由于大部分情况下非物质文化遗产的传承人数量很少,而且年龄也偏大,所以,非物质文化遗产适度产业化开发应该大力投入资金进行非物质文化遗产的继承人培养,解决人力资源问题,才能从根本上解决非物质文化遗产的不可再生性难题,才能保证非物质文化遗产产业链的正常运作。

再次,非物质文化遗产产业化开发必须坚持流变性原则。非物质文化遗产的传播是一种活态流变,是继承与变异、一致与差异的辩证结合。非物质文化遗产的流变性表现在师徒传授学习过程中或者是自发地相互交流学习过程中,使其能够被共享,才有了产业化的可能。同时,非物质文化遗产适度产业化必须坚持流变性原则,才能保证非物质文化遗产的特色,应与当地的历史、文化、民族特色等相互融合,在继承的基础上发展出别具风格的非物质文化遗产。搞产业化就不能千篇一律,不然就会丧失非物质文化遗产的独特性,也就失去了非物质文化遗产的最大魅力。当然,坚持流变性不是说可以随意改变,必须在保证非物质文化遗产的精髓不变的基础上,是充分发挥创造性的文化再生产过程。

最后,非物质文化遗产产业化要认真贯彻国务院关于非物质文化遗产保护工作的指导方针:"保护为主、抢救第一、合理利用、传承发展",就要在实际工作中坚持可持续性原则,才能保证非物质文化遗产产业化开发有活水之源。时代的进步正在逐渐地瓦解非物质文化遗产赖以生存的土壤,经济全球化和文化全球化对非物质文化遗产传承和发展的冲击,民间技艺的失传以及非物质文化遗产伴随传承人的逝去而消失,这一切使得非物质文化遗产更加珍贵。非物质文化遗产产业化开发坚持可持续性原则主要从以下三方面入手:一是要运用各种有效手段进行抢救、保护非物质文化遗产的典型器物,如数字化技术收录等;二是要采用各种激励措施去搞活非物质文化遗产的传承和继承,例如基金、教育和学术交流等;三是要创新地继承与发展非物质文化遗产的传承技艺。

(二)必须符合社会主义市场经济的内在发展规律

非物质文化遗产产业化开发就是走进市场,而走市场路线就应该符合社会主义市场经济的内在发展规律,才能使非物质文化遗产资源得到有效配置,才能真正地将非物质文化遗产力转化为正向的经济效益。

首先,非物质文化遗产产业化开发应该坚持创新性,是发展社会主义市场经济的必然要求。创新性使得非物质文化遗产产业化抓住经济脉搏跳动的节奏紧跟时代潮流,这样的产业化才能在涌动的市场大潮中立于风口浪尖却依然不倒。而社会主义市场要求的创新性特点也与非物质文化遗产自身规律中的流变性原则不谋而合,所以非物质文化遗产坚持创新性不仅仅是为了符合社会主义市场经济发展的趋向,也可以带动非物质文化遗产的研发。如果说流变性原则要求非物质文化遗产的是产学结合,那么,创新性特点要求的便是产研结合,进而满足市场的需求。

其次,非物质文化遗产产业化开发应该坚持适用性特点,是适应市场需求的必然选择,从而得到广大文化消费者的认可。非物质文化遗产产业化就是要把非物质文化遗产推向市场,必然存在着一种文化生产或者文化再加工的过程,其目的就是为了让其被人们接受并实现被消费。如果非物质文化遗产产业化不能满足适用性特点,那么,再美的非物质文化遗产也只能是孤芳自赏,难以与群众近距离接触,也只能束之高阁或被供奉瞻仰,更别谈产业化这样的宏图。非物质文化遗产本身就是来自群众的智慧,要坚持适用性走群众路线绝对是可能的也是必要的,只是非物质文化遗产本身的可塑性到底能不能达到、成熟度够不够、需要多少人力、物力、财力、时间等,值不值得去进行产业化需要谨慎对待。一定要根据非物质文化遗产本身的特性进行开发,而不是一味地要求必须坚持适用性。

最后,非物质文化遗产产业化开发应该坚持效益性特点。非物质文化遗产产业化开发的最终目的就是为了将文化生产力转化为经济效益,如果不能带来经济效益就没有产业化开发的必要性。坚持效益性不仅仅是为了保护开发商的利益,也是对整个社会主义市场经济的保护,没有经济效益的开发是一种不负责任的浪费资源的行为,可能导致拖累市场经济的整体水平也会妨碍资源的合理优化配置。非物质文化遗产一旦进行产业化开发就不会是一个念想能够使然,涉及方方面面的人力、物力、财力和精力等。非物质文化遗产的确具有经济价值,但是得看看其经济价值是否达到了可产业化的程度,这些都得事先经过仔细的调查、预算和研究等,不能盲目地投资。非物质文化遗产产业化开发本身是一种文化行为和商业行为相结合的双重行为,坚持效益性时要同时考虑其经济效益和文化效益,这是一种对非物质文化遗产尊重和对产业化开发负责的态度。非物质文化遗产产业化开发应将谋求经济效益和文化效益双丰收作为目标,这样才能走得稳健长远。

(三)必须顺应产业结构调整的内在发展要求

非物质文化遗产产业化开发不仅关系到文化产业的发展,也关系到产业结构调整的整体布局,所以,对其开发必须顺应产业结构调整的内在发展要求。

首先,非物质文化遗产产业化开发应该推动文化产业的全新飞跃。非物质文化遗产产业化开发作为发展文化产业的一个创新之举,就应以推动文化产业的全新飞跃为己任。目前,我国在世界文化物品与服务的流通和交换中仍处在相对被动的状态,一方面是大量的西方文化产品销往国内,另一方面是大量的文化资源流往国外,要改变这种被动的局面唯有大力发展文化产业。中国文化产业相对于西方来说起步较晚,但拥有非常丰富的文化资源,尤其是种类繁多的非物质文化遗产资源,如能加以合理利用开发,恰好可以为文化产业的发展注入新的活力,推动文化产业的全面发展,同时为非物质文化遗产自身谋得出路。非物质文化遗产的独特性有利于打造特色文化产业链,以真正的历史底蕴、审美魅力、文化特色塑造出丰富多彩的高质量的文化产品,提升文化产品的整体质量,尤其是要集中力量培育优势非物质文化遗产资源并加以品牌化运营、宣传和推广,从而使其成为文化产业的一个重要支柱。

其次,非物质文化遗产产业化开发应该带动其他产业的共同进步。非物质文化遗产产业化开发不仅应以推动文化产业的全新飞跃为己任,也应树立带动其他产业共同进步的长远目标。虽然非物质文化遗产产业化开发是发展文化产业的一个重要形式,但是不应拘泥于文化产业的发展诉求,也应从大局着想考虑其他产业的共同进步,可以结合文化产业的发展特色和其他产业的发展需求来制定发展方向,从而扩大产业化的积极影响。例如民间舞蹈、杂技与竞技、传统医药类目与健康产业等相结合,再有民间文学、民间音乐、传统戏剧、曲艺、民间艺术、民俗等与旅游业等的融合,还有传统手工技艺类与工业等的结合,这些非物质文化遗产的产业化开发不仅可以促进非物质文化遗产自身的传播、研发和生产,而且也为其他产业增添更多的动力,带动相关产业的共同发展。在与其他产业相结合开发时一定要注意保证非物质文化遗产本身的精髓不被破坏并且真正得到合理运用,而不是被当作噱头。由于与其他产业相结合的开发较容易产生非物质文化遗产以及其衍生品的产权和专利纠纷问题,应加以注意并制定合情、合理、合法的解决方案。

最后,非物质文化遗产产业化开发应该促进产业结构的优化升级。非物质文化遗产产业化开发作为发展文化产业的重要形式,应在整个产业结构调整中发挥重要作用,积极促进产业结构的优化升级,努力加快第三产业的发展步伐。

三、非物质文化遗产开发与保护的关系

(一)和谐共生关系

非物质文化遗产标志着人类过去、现在和未来的创造力,是其顺应变化、吐故纳新、积极创新发展的内在生命力之集中表现,也是其与物质文化遗产区别的特征之一。因此,非物质文化遗产"保护"自然蕴涵着整体性、真实性、活态性的原则要求,意味着"保护"不是通过就地养护、固守原貌、采集保存等方法手段,从而保持非物质文化遗产的"原汁原味"。这只是对"保护"非物质文化遗产的文化属性的简单化理解,是以一种纯粹的、静态的、固态化

的方式"保护"非物质文化遗产,这种简单化的处理方式带来的必然结果是最大限度保留了非物质文化遗产的外貌形态,却失去了其宝贵的文化内涵和核心价值,躯壳犹在而灵魂难寻,最终导致其创新力和生命力的枯竭,非物质文化遗产必然走向衰亡和灭绝。

非物质文化遗产作为人类智慧创造的文化精品,确保其内在固有的生命力是其本质要求。故而,"保护"之真意在于:在不同时代语境下,非物质文化遗产面对新的生存环境,必然要求其具备开合应变的自我协调能力,使其在与周围的人文环境、自然环境及历史的互动活动中,不断"开发"其自身蕴藏的丰富的文化内涵与核心价值,激发其创新能力,顺应环境变化、推陈出新,增强其内在生命力和可持续发展的能力。由之,"保护"意味着对非物质文化遗产之灵魂———文化信息和文化基因的"开发"启迪与创新发展,在传统观念与现代理念交融转化的动态过程中,保有非物质文化遗产的文化意蕴和核心价值,吐故而纳新,实现传统与现代的和谐共生,"保护"非物质文化遗产生命力绵延不绝和可持续发展。所以,"开发"与"保护"二者之和谐共生关系由之得出。

(二)非物质文化遗产开发与保护之内在一致关系

非物质文化遗产作为人类创造力的集中体现,标示着一个民族特有的生活方式、价值理念、民族情感与民族认同,是一个民族可持续发展的文化驱动力。"保护"天然蕴涵着保持一个民族可持续发展的文化驱动力的必然要求,是实现政治、经济、文化和社会可持续发展的重要内容。因此,"保护"天然的蕴涵着"开发"非物质文化遗产可能蕴藏的经济价值,将文化资源转化为文化生产力,发挥其经济效益,实现经济与文化双向互动与良性循环,形成"经济搭台,文化唱戏"的和谐格局的内在要求。

这里的"开发"指的是依据商业性要求,在市场经济规律的引导下,挖掘非物质文化遗产可能蕴藏的延伸的经济价值,产生经济效益,发挥其自身造血功能,为非物质文化遗产活态传承、创新发展提供必需的经济支撑,不断激发和强化非物质文化遗产创造力,确保其文化属性的延续性与创新性,"保护"非物质文化遗产世代相承。因此,将非物质文化遗产的文化内涵和核心价值融入经济发展中,促进经济和文化的相互支持、协同发展,强化经济可持续发展的文化竞争力,必将增强经济可持续发展的能力。

作为一种文化遗产,文化属性才是非物质文化遗产的本质属性,非物质文化遗产之所以生生不息的生命力的标志则是其蕴涵的文化内涵和核心价值。因此,经济价值仅为非物质文化遗产的延伸价值,部分非物质文化遗产由于其种类、性质和特征的缘故,本身并不具有经济价值,难以进行经济"开发",也不应当进行经济"开发",否则,勉强进行的经济"开发"必然导致对其文化内涵和文化属性的损害,与"保护"非物质文化遗产生命力的本质目标南辕北辙。所以,经济价值只是非物质文化遗产"可能的"蕴藏的延伸价值。当然,针对那些具备经济价值开发特征的非物质文化遗产之经济"开发",也必须以"保护"其内在文化内涵和核心价值不受破坏与损害为前提,必须在市场经济的客观规律指引下,寻求非物质文化遗产的传统价值与现代需求契合的最佳结合点,在满足其自身运行发展的内在逻辑和传承规律的前提下,进行合理的、适度的经济开发。

由于非物质文化遗产的文化性与活态性内涵,其自身天然蕴涵着"开发"与"保护"非物质文化遗产之和谐共生、内在一致的相互关系。任何经济"开发"都必须将非物质文化遗产的文化内涵和核心价值得到完整性的"保护"置于首位,因为只有以文化"开发"为前提进行的经济"开发",才能真正产生预设的良好的经济效果,从而为非物质文化遗产有效传承、创新演化和可持续发展提供物质条件和经济助力,激发其内在的创新能力,丰富并强化其内在的本质的文化属性,进而"保护"非物质文化遗产绵延不绝的生命力,最终实现人与文化、人与自然和社会的和谐发展。

四、非物质文化遗产产业化开发的积极意义

在我国大力推行社会主义文化强国战略的背景下,非物质文化遗产适度产业化开发是十分有必要的,在社会主义现代化进程中发挥着积极意义。

（一）有利于带动地方经济发展

一般来说,非物质文化遗产都有其发源地或者所依附的文化空间,所以,对非物质文化遗产进行适度产业化开发将有利于带动该地区的经济发展。非物质文化遗产本身蕴含的丰富价值可以通过适度产业化开发转化为经济价值,从而带来经济效益。例如,非物质文化遗产作为一种独特的旅游资源,可以直接为地方带来旅游收入,而旅游产业衍生出的手工艺制造业、餐饮业、表演业等都将为地方经济发展注入活力,同时,非物质文化遗产的一系列产业化开发不但可以创新地发展非物质文化遗产,也可以大大解决当地劳动力的就业问题,增加当地人民收入。

（二）有利于提升我国的文化软实力

非物质文化遗产是印证一个民族存在的文化标识,是维系一个民族发展的文化基因。

非物质文化遗产适度产业化开发将有利于提升我国的文化软实力,是推行文化强国战略的重要举措。文化产业是一个非常有前景的朝阳产业,符合"低碳节能可持续"的经济发展要求,其本身所蕴含的经济能量也是不容小觑,但是仍需要对其进行专业的适度的开发,从而从根本上增强我国的文化软实力和文化竞争力。

(三)有利于实现非物质文化遗产的价值

非物质文化遗产自身所蕴含的价值往往需要通过开发才能被深度挖掘出来,而适度的产业化开发就是一种较好的形式。在"保护第一,合理利用"原则的指导下,为了满足现代人对传统文化的向往需求,会不断地深入探索非物质文化遗产内在的各种价值,有些价值甚至是过往不曾发现的,在产业化开发中被开采出来。适度产业化开发所带来的资金、人力和物力投入,加快非物质文化遗产的文化价值转变为经济价值,同时也有益于其文化价值的传播。适度的非物质文化遗产产业化开发将为非物质文化遗产自身、文化产业及其相关产业链甚至整个国家带来一系列裨益,从长远眼光和整体利益出发,促进非物质文化遗产产业化开发合理有序健康地发展下去。

第三节 国外非物质文化遗产保护经验与借鉴

一、典型国家的非物质文化遗产的保护

(一)知识产权非直接保护模式

以知识产权非直接保护模式保护非物质文化遗产的典型国家主要有日本、韩国、法国等国家。这种保护模式主要以政府部门的相关政治措施为依托,依靠国家财政投入,要求政府在保护过程中发挥主导作用,肩负重要职责。不可否认,这种模式可以使非物质文化遗产得到较为妥善的保管与传承。

日本与韩国一向十分重视本国非物质文化遗产,两国又称这种文化资源为"财",可见文化资源在两国国力的提升有着不容忽视的重要作用,为此,两国加大了财政对非物质文化遗产保护的支持力度。日本在保护本国的"文化财"方面制定了一系列专门的法律法规政策,以求最完善地保护本国的非物质文化遗产,并建立相关的资料库,并十分重视该文化资料库的建设。韩国除了采取严格的认证制度外,还将旅游业与非物质文化遗产保护相结

合,在保护的同时发展本国经济,可谓一举两得。

这种非直接的保护模式特别强调宣传推广力度,如日本政府要求小学生在学期间要观看一次歌剧,法国政府选拔组织民间艺人传播技艺,挪威政府要求公民15岁以前掌握一门传统技艺等等。这些政府"强制"的宣传看似强硬,的确更好地促进了非物质文化遗产的传承,深刻了公民的非物质文化遗产的保护意识。

(二)知识产权直接保护模式

以知识产权直接保护模式保护非物质文化遗产的代表性国家主要有意大利、美国等国家。这种保护模式是在现有的知识产权保护制定的基础上,对非物质文化遗产进行保护的方式。可见,这种保护模式从司法的角度上有效降低了司法成本,从而达到对非物质文化遗产合理保护的目的。

意大利对非物质文化遗产保护觉醒很早,它首先启用了知识产权法来保护本国的民间文化。随后,美国、加拿大、澳大利亚等国家也纷纷采取了这种保护模式。但美国、加拿大、澳大利亚更注重专利权与商标权的结合。如加拿大原住民可依据本国法律防范他人抢注商标,以保护原住民的权益。澳大利亚在1995年的商标法中专门规定了集体商标和证明商标的保护内容,此后澳大利亚通过注册证明商标成功保护了部分民间文学艺术作品。美国制定了美国民俗法案(1976年)和印第安手工艺法案(1990年),综合运用直接保护模式和非直接保护模式相结合的方法,有效保护了美国的非物质文化遗产。

(三)知识产权特殊保护模式

以知识产权特殊保护模式保护非物质文化遗产的国家主要以发展中国家居多,代表国家主要有巴拿马、巴西等国家。知识产权的特殊保护模式是在合理评估非物质文化遗产综合价值的基础上,通过制定专门的法律,调动民间力量保护非物质文化遗产资源的一种保护模式。自巴拿马2000年制定的传统知识保护的专门保护法,揭开了该种模式的序幕。继而巴西、秘鲁、蒙古、泰国也相继出台了对于非物质文化遗产的专门法案。这种新型的保护模式显然引起了国际社会的广泛关注,它可以说综合了非物质文化遗产知识产权的非直接保护模式和直接保护模式,更加合理地调动了社会各方面的积极因素,促进了资源的优化配置。然而,美中不足的是,由于文化价值十分抽象,当今众多发展中国家仍然难以确切评估,所以这种保护模式很难稳妥保护好非物质文化遗产的文化价值。

二、国外非物质文化遗产开发与保护的经验借鉴

（一）日本非物质文化遗产开发与保护

日本在非物质文化遗产保护这个领域，一直走在世界的前列。其实早在1890年10月，日本明治政府就模仿法国的艺术院院士制度，制定了"帝室技艺员制度"，以保护美术家和奖励创作艺术作品，二战后又于1950年颁布《文化财保护法》将无形文化财纳入文化遗产的保护范围，"这在全世界文化遗产保护的法律上开了先河"。这部法律几经修订，目前施行的是1996年的版本。在法律中，它对于无形文化财（在此采用日本法律规范对于非物质文化遗产称谓）的认定、传承、管理、保护、国家财政资助制度等多个方面都进行了细致的规定。

日本在注重对无形文化财进行保护的同时，也注重对其的"活用"。这包括两个方面：其一，对文化财的活用方面，"日本首先想到的是历史遗迹的公有化问题，在土地、财产私有化的国度中，努力将历史遗产公有化无疑是传统文化财全民保护、对外公开的前提"。日本对无形文化财没有停留在简单的保护上，而是在妥善保管的同时，利用这些文化财富，在公开展示的过程中，最大限度地发挥这些文化财的认知作用和教育作用，使人们通过文化财的活用—即通过文化财的对外公开展示，更多、更好地了解自己国家的历史和文化。其二，就是对于无形文化财的开发利用。1974年5月，日本制定了《关于振兴传统工艺品产业法》。该法的制定目标在于振兴传统工艺品产业，增添国民生活丰富程度和情趣，促进地区经济发展。该法的主要内容包括：指定传统工艺品、制订振兴计划、经费补助、税收优惠、附着标志、设立振兴协会等。该法主要从行政手段方面对传统工艺的振兴给予扶持。该法规定，对符合条件的传统工艺品进行指定，这与无形文化财的指定很类似，其根本原因就在于日本无形文化财的公有化。另外值得注意的是，该法规定了传统工艺品的标识，规定特定制造同业工会等对其构成成员的制造事业者制造的传统工艺品可以附着其被指定的工艺品的标志。可以看出，日本无形文化财的开发利用具有很强的行政色彩，这是与其他国家的最大区别所在。

（二）韩国非物质文化遗产开发与保护

韩国对于非物质文化遗产的保护从一开始就明显受到日本无形文化财保护理念的影响，但相较于日本严格保护非物质文化遗产的制度，韩国对非物质文化遗产保护逐渐走上

商业化道路。韩国将非物质文化遗产的保护与韩国的旅游业紧密结合,通过现代观光旅游推动非物质文化遗产的保护和发展,非物质文化遗产保护已融入了韩国商业社会。韩国的非物质文化遗产商品化趋势明显,面具、戏装、玩偶和无形文化财的书刊到处都有供应和销售,表演类的非物质文化遗产也经常在各大宾馆为外国游客表演。但是为了吸引外来游客,韩国非物质文化遗产的开发已经逐渐偏离保护的轨道,那些被韩国指定为国家级文化财的表演者,随时随地都会被搬上"舞台",韩国非物质文化遗产保有者们的表演逐渐变成了纯商业性的演出,其原有的文化意义和应有的价值逐渐被淡化和变质。

(三)意大利非物质文化遗产开发与保护

意大利在文化遗产保护方面一直走在世界前列,它倡导文化遗产保护原则中的最低干预原则、真实性原则与原生性原则,对非物质文化遗产采用科学、完整的保护制度。在意大利,文化遗产保护工作已不仅是单一的政府行为,而是一项全民事业。在这个过程中,文化遗产产业化已经成为意大利文化遗产保护工作的基本走向。意大利在遗产保护和利用方面已经形成了独特的模式,即公共部门负责保护文化遗产,私人和企业经营管理利用这些资源。意大利政府认为,文化遗产关系到民族特质,是国家魅力和竞争力的重要因素,因而把保护、开发和利用文化遗产定为长期国策,并作为培育和管理现代文化市场的指导性纲领。

意大利政府成立了专门负责文化事务行政管理的部门——"文化遗产及文化活动部"(简称文化遗产部),主要职能以传统文化优势促进现代经济的全面发展。意大利的乡村生态旅游、美食文化旅游的发展也已经与非物质文化遗产保护形成了良性互动。同时意大利政府还将组建文化遗产开发联合体,鼓励私人企业参与文化遗产的开发和利用,企业为开发和管理文化遗产的投资可免除税赋,以调动社会资本并利用企业的管理经验,促进文化产业的发展。

此外,在国际上除了上述国家,英国、美国等其他发达国家也都积极开发利用非物质文化遗产,对其进行旅游开发以及产业化经营,对于推动本国的经济发展做了较大的贡献。

本章小结

　　本文从非物质文化遗产保护与开发的关系、利弊等方面进行了研究和论述,探寻两者之间的共融点,从而促进非物质文化遗产的合理利用和传承发展。

思考与探讨

1. 简述非物质文化遗产的界定和特点。
2. 简述非物质文化遗产保护的原则。
3. 如何理解非物质文化遗产与其他文化遗产的关系?
4. 怎样认识非物质文化遗产开发的意义。

第八章　地方文化资源的管理

地方文化资源作为一种准公共产品,既具有文化价值,又具有经济价值。政府对于这种特殊的准公共产品,既要严格保护,又要开发、利用。对此,政府应建立科学的管理体制、灵活高效的协调体制、有效的文化产品生产经营体制,以保证地方文化资源得到健康、有序、高效、合理的开发。

【学习目标】

1. 理解地方文化资源管理内涵和性质。
2. 掌握地方文化资源管理的特征和原则。
3. 掌握地方文化资源管理的内容。
4. 了解地方文化资源管理的模式。
5. 认识地方文化资源管理的形成动力。

第一节　地方文化资源管理概述

地方文化资源是传承中华文明的载体,内涵深厚的文化底蕴,需要对其进行合理保护与开发以发挥地方文化资源的效用。

一、地方文化资源管理的内涵和性质

所谓地方文化资源管理是指地方政府根据自身地域文化实际状况,针对本地文化资源所进行的文化管理和相关产业的管理,例如艺术管理或文化资产管理。

文化资源管理的理念是在20世纪70年代成形的。20世纪60年代出现的能源和生态危机使西方社会意识到,人类活动已经造成和正在加剧生态环境的恶化,以及自然资源和文化遗产的日益枯竭,严重威胁到人类自身的生存和发展,必须加大力度拯救我们的生存环境和保护人类生存所必需的资源。而地下的文化遗存被看作是和石油及煤炭等能源一

样不可再生的资源,必须为未来而加以妥善地保护和合理地利用。到 20 世纪 80 年代,以保护和管理为宗旨的"文化资源管理"已成为政府一项工作的指导方针。

地方文化资源属于国家公共资源,主要由国家对其进行管理,所以地方文化资源的管理是国家行政管理的一部分,其管理体制属于行政管理体制。根据狭义管理体制的内涵,地方文化管理体制是指国家为了实现对地方文化资源的有效管理而设置的一整套管理机构,这些管理机构的职能及其内部各个环节之间权、责、利的划分,以及为了适应管理需要而建立的有文化资源管理的各种制度和管理方法的综合。地方文化管理体制是有效实现地方文化资源管理的关键。

二、地方文化资源管理的特征

(一)多重目标管理

地方文化资源的管理目标问题的关键在于理解文化资源的特征以及这两个目标之间的关系。维护和保护是开发和利用的前提:如果没有很好地保护这些珍贵的并且常常是不可再生的文化资源,那么也就失去了开发和利用的价值。地方文化资源的管理目标从宏观上应该有两个:一是对资源的保护;二是对资源的开发与利用;从微观上看,对资源的保护和对资源的开发与利用本身都有各自的管理内容。一方面,对资源的保护目标问题,如对水资源、土地资源和海洋资源保护等,因为资源是人类赖以生存的必要条件;另一方面,对资源的开发与利用目标问题,如水资源开发利用,电资源开发利用,光资源开发利用,风资源开发利用等。因此,对资源的保护和对资源开发与利用的管理目标,都具有地方文化资源多重目标的管理特征。

(二)企业化经营管理

现行的地方文化资源的管理模式的主要特点是企业化经营,这是典型的发展中国家普遍采用的模式。这种管理的主要特点是,虽然在名义上文化遗产的管理仍然属于事业性的,但实际上是作为企业来管理的,更确切地说,管理单位有了盈利目标,而且要自负盈亏。这种管理模式的最大好处是,企业自负盈亏,可以解决政府的资金约束问题,避免财政拨款决策中出现的各种政治经济问题。实际上,这正是发展中国家选择这种管理模式的决定性因素。但这种体制存在的潜在问题是,由于企业有了盈利目标,可能与保护的目标产生矛盾,造成管理目标的扭曲,也就是说造成过度的开发和利用,或者缺乏资源的有效保护。

（三）多重部门管理

地方文化资源的管理的另一个显著的特点是多重委托一代理特征。作为一个公共部门，文化资源管理单位与私有部门的一个明显区别是，前者具有在几个委托人之间分权的特征，而私有企业则常常被看成是由厂商的所有者们以集中的方式提供的一个总合同。将地方文化资源的管理看成许多具有自己特定目标函数的委托人的行为，是深入研究管理失效的一个重要步骤。

在我国，多重管理的主要表现在于：一方面，国家风景名胜区、国家保护区和历史文物遗迹等单位要受到上级主管部门的控制，即所谓条条管理。这些部门作为政府规制机构，行使行业规划、负责颁布行业法规和管理条例并负责监督执行等职责。另一方面，这些经营单位往往还要受到地方部门的控制，即块块管理。实际上，条条控制与块块管理并存是改革开放后中央不断向地方放权这样一个大趋势下的结果。

一般来讲，这些委托人可能会将社会福利极大化作为集体目标，这相当于假设每个控制机构都是做好事的。但问题是每个委托人都只能有有限的授权。比如政府部门的主要任务是行业监管，而地方政府的主要目标是地方经济发展。不难看出，这两个控制机构的目标并不一致。每个控制机构都只能用局部的眼光看待自己的控制问题。这种责任分离的结构特征意味着，每个控制机构只能在自己的职能范围内进行管理。这样做势必导致控制过程的不协调或者控制机构的不合作，用合同理论的语言讲，就是每个机构所提供的合同满足纳什均衡，也就是说，合同是以分散化的方式订立的，每个机构都不考虑其他控制机构提供什么样合同。

三、地方文化资源管理的原则

（一）明确地方文化资源管理目标原则

地方文化资源管理要求明确整体性期望目标与阶段性分域目标，目的在于使地方文化资源能够在"统一目标，分级管理"的思想指导下，获得个体目标与整体目标相结合、近期目标与远期目标相结合的全面的地方文化资源管理效果。

1.整体性期望目标

所谓整体性期望目标，是指地方文化资源管理活动追求的最终目标，它贯穿于整个管理过程中；阶段性分域目标，是整体性期望目标在不同管理阶段与不同管理范围的具体体现,包括地方文化资源管理在不同发展时期的资源管理目标以及在同一发展时期文化资源管理目标。

2.阶段性分域目标

所谓阶段性分域目标的确定涉及时间和空间两个范畴。一般说来,整体性期望目标对管理活动而言较侧重于方向性的战略指导;而阶段性分域目标则侧重于实践性的操作指导,它是整体性期望目标的细化与具体化。

(二)整体系统管理原则

地方文化资源不是孤立存在的,而是相互联系、相辅相成的,不同类型、不同特征的文化资源共同构成了地方文化资源系统。在制定地方文化资源开发战略、进行地方文化资源的合理利用及日常维护时,都要从整体的角度出发,进行综合分析和系统控制,绝不能因为局部资源的开发或改变而破坏了整个地方文化资源系统。

(三)规范管理操作原则

由于地方文化资源的复杂多样,决定了地方文化资源的管理操作必须走规范化、科学化的道路,才能获得客观、全面的管理效果。如依据国家有关法律条款国家和地方各级文化资源管理条例以及地方政府自己制定的各种文化资源管理规章制度,对文化资源实行规范化管理;采用先进的多媒体资源信息管理系统对地方文化资源进行科学化管理。

(四)依据法规的管理原则

地方文化资源管理必须坚持依照法律法规管理的原则,才能获得客观、全面的管理效果。可以依据国家有关法律法规、国家及地方制定的各级政府有关文化资源管理的条例以及规章制度,对地方文化资源实行法制化管理。在坚持法制管理原则的同时,采用先进的文化资源信息管理系统,科学地管理地方文化资源。

(五)动态发展的管理原则

地方文化资源的特征以及开发、保护的外部社会经济条件是不断变化和发展的,这就要求地方文化资源管理工作不能囿于现状,一成不变,必须有动态发展的观点,用发展和进步的眼光预测各种条件的变化趋势,采用具有一定弹性的措施来实现管理,从而使地方文化资源管理始终保持活力。

(六)提倡"绿色管理"的原则

广义的"绿色管理"是指将管理成本和环境损害降至最低的一种管理模式。地方文化资源管理要以大力推广"绿色"为己任,以对自然生态环境更全面的保育和对人文生态环境更多的保全为光荣,在地方文化资源管理过程中要树立"成本"(广义的成本应包括环境的、社会的、经济的、财政的等诸多方面)意识,推行"绿色管理",而不是以破坏环境质量来换取经济效益。

（七）可持续发展原则

地方文化资源要实现可持续发展,就应该用可持续发展的理念来指导地方文化资源管理。也就是说,在实行地方文化资源管理时注意制定资源管理的战略规划,而且这一战略规划必须既能反映在现实条件下实现管理目标和管理方式的需要,更能反映长远的资源管理宗旨和运行机制的可持续性,这样才能有利于地方文化资源的持续利用。

四、地方文化资源管理的方法

（一）垂直管理

中国目前文化遗产分别由相应的职能部门,即建设部、文物局共同管理。这些职能部门从中央到地方形成完整的垂直序列,各自依法律和部门政策对遗产地资源进行管理,形成"条"的组织格局。

（二）分散管理

地方政府设立管理机构并规定设在景区内的所有单位都应服从管理机构的统一管理。由于遗产地具有区域性特点,这些管理机构在隶属关系上又与地方政府联系在一起,在人事、财政、投资等各方面由地方政府主管,形成了横向的"块"的序列。

（三）交叉管理

建设部门和文化部门共同负责历史名城的管理工作。在中央有国家建设部和国家文物局两个职能部门共同主管,在地方有地方城建规划部门和文物、文化部门共同负责。而文物保护工作由文物局、文化管理部门负责。

（四）公众参与管理

完全靠自上而下的调整结构是不够的。将公众利益、公民参与置于文化资源管理的关键地位,已成为文化资源管理的一个重要特点。地方可持续性战略发展的政策需要公民的充分认同和支持,只有企业组织和公民充分认识到问题的重要性和严峻性,他们才能遵从政策的规则,感受到自身的责任。文化资源管理组织需要考虑到利益相关者,如当地组织与个人、其他的投资者、管理专家、国际与国家的文化资源监督、评估机构等,形成有利于自己发展的网络环境,良好的参与机制,才可以实现真正的地方与社会经济发展的和谐。

第二节 地方文化资源管理模式

地方文化资源管理是建立在经济高度发展、立法完善、社会发展和人文环境的基础上,同时也是长期历史发展的结果。

一、地方文化资源管理模式的内涵及特性

(一)地方文化资源管理模式内涵的界定

地方文化资源管理是一个与环境相互作用的开放系统,地方文化资源管理受到政治、法律、经济、社会文化、技术变革等方面的影响。所谓地方文化资源管理模式,是在坚持可持续发展的前提下,根据环境的不确定性、复杂性和地方文化资源本身的价值特点,对地方文化资源管理过程中政策与法规的制定、组织机构设置、行政管理权的安排和组织运行制度的概括。地方文化资源管理模式可以从以下几个方面理解。

1. 选择各权利的安排结构、权力制衡结构和组织运行机制

根据文化资源的特性、地方文化资源的发展方向确立能有效保护资源和合理利用资源的组织结构。不同的权力安排和权力制衡机制,形成的不同模式和组织机构,其内部的组织形式和构成及管理、协调的方法都有所不同。

2. 地方文化资源管理模式涉及国家行为

地方文化资源从所有权上讲是国家所有,国家作为所有权主体要发挥作用同时,国家还是公共利益的最大维护者,地方文化资源是一种公益性的资源,它的使用和开发有很强的外部性,涉及公共利益,也要求国家从公共利益的角度发挥管制角色。

3. 地方文化资源的管理模式是多样化的

地方文化资源构成的复杂性、等级的多样性以及价值内涵的多样性,使得很难找出一个统一的模式来处理所有的地方文化资源的管理问题,这要求地方文化资源的管理模式是多样的,要根据地方文化资源的具体情况,分级分类管理。

4. 地方文化资源管理模式目的是发挥资源价值,实现可持续发展

地方文化资源作为一种准公共产品,所用的管理模式,既要体现其文化价值、公益性,有效地保护资源所具有的价值,又要充分利用其作为经济资源的一面,以产生应有的经济价值。最终目的是在有效保护的前提下,合理有效的利用地方文化资源,实现地方文化资源的可持续发展。

(二)地方文化资源的管理模式特性

1. 突出人性化

人性化是指文化管理是一种以人为中心的管理。人力资源的文化管理充分尊重人的人格、价值和贡献,把员工看成是企业组织的主体、根本和核心。其主要任务就是为这些员工提供从事创造性工作、发展和提高自己的机会和条件。这是一种富有人情味,使人感觉到温暖,充满内在激励的管理。这种管理强调感情投资,重视人才的培养和使用,主张自我管理,自我服务。在这种氛围下,管理者与员工,不再是单纯的管理与被管理的关系,而是结成了工作中的伙伴关系。

2. 注重伦理化

伦理化是指文化管理始终都把管理对象看作伦理实体,从道德的层面去规范和激发人的潜能,实现企业目标。在人力资源的管理中表现为重视员工的技能与伦理行为的关系,重视员工个性的发展,把员工的日常培训与企业精神结合起来,使得企业的道德原则和规范变为个人的道德意识和行为,激发广大员工关心集体、热爱企业的高尚情操,形成强大的企业凝聚力和向心力,保证企业文化管理的正确方向,建立一种适合企业成长或发展的核心价值观,从而形成企业核心竞争力。这样,企业人力资源的文化管理就实现了企业的管理价值与个人的伦理价值的和谐统一。

3. 更加民主化

民主化是指文化管理主张企业的员工主动地、广泛地参与决策过程和管理过程,即通过适当的分权,给员工一个想象的空间,一个领域,人力资源管理基本约束仅仅是一个目标,允许员工选择性、创造性地去达到目标,鼓励员工围绕企业发展的总方向积极地参加各种形式的培训,更好地了解本人的实力与专业技术,自主进行人生事业生涯的设计与规划。企业人力资源的职务升降与任免,奖金与福利制度的制定以及员工的合理流动都要广泛地吸取广大员工的意见,让员工参与到人力资源管理的实际流程中去,在民主决策的基础上

让员工领悟、遵守企业人力资源的权利、义务与行为规范。

作为一种全新的管理模式,文化管理已经日益引起管理学界的重视,国内外许多管理学家和理论工作者投入到相关的研究之中,并富有成效。例如,布兰卡、豪斯等在基于价值观的管理方面开展了卓有成效的工作,发表了很有影响的论文;而彼得·圣吉则在组织理论方面深入地研究了学习型组织理论。与此同时,世界许多成功的企业在长期实践中经过摸索,也初步形成了各具特色的文化管理模式,并取得了良好的效果。如 IBM 公司"尊重别人、追求卓越、深思后再行动"的企业哲学;日本松下的"自来水哲学"及由此而来的企业定位;美国麦当劳的"质量、服务、清洁、价值"的理念及由此而来的标准化操作体系和销售欢乐的营销特色等。

二、地方文化资源管理模式内容

(一)地方文化资源经营管理模式

1. 国家直接经营管理模式

国家直接经营管理模式就是地方文化资源的所有者和经营者于一身,地方文化资源的管理、保护和开发经费由国家财政承担。这种模式在市场机制不完善的条件下发挥了积极作用,但从实践中看,这种经营管理模式存在着明显的缺陷。一方面,地方文化资源的经营者没有自主经营的权力,也不承担管理、保护和开发后果,基本上按市场规律经营,效率低下,从而导致资源得不到有效配置,其经济价值得不到应有的体现;另一方面,部门利益、地区利益与国家利益难以协调,严重阻碍了地方文化资源保护和开发的健康发展。

2. 市场化经营管理模式

市场化经营管理模式就是将所有权和经营权分离,真正把地方文化资源作为一项产业来对待,将其作为独立的主体推向市场。目前,存在的市场化方式主要有两种:一种是以项目的形式招商引资,由多个投资主体进入地方文化资源区域行使开发和经营权;另一种方式是垄断经营权,以一家企业作为投资主体,进行垄断经营。由于政企职能分开,产权比较明晰,企业作为市场主体的积极性得到充分调动,经济效益得到了提高,但我们也要认识到,企业经营者往往只注重经济效益,而忽视社会、环境效益。因此,鉴于地方文化资源的唯一性、脆弱性等特点,以及相关理论政策研究滞后等原因,对这种做法必须慎重。

（二）地方文化资源管理主体模式

文化资源是发展文化产业的基础性支撑条件，各国由于地理环境、人文环境、社会制度、风俗习惯等的不同，在文化发展的管理模式上也呈现出多样的表现形式，主要包含三种模式，即政府主导型模式、市场主导型模式和社会主导型模式。

1.政府主导型模式

政府主导型模式的典型代表国家是法国，是指政府在国家的文化管理活动中，根据国家文化发展的需求，为实现文化发展的既定目标，在本国文化政策的制定、实施等环节发挥主导性作用。其特点主要表现为"行政管理为主，法律规范引导"。政府在文化管理的活动中，不是统治者，而是主导者，一定程度上是为文化发展的个体和群体提供服务的组织，而不是凌驾于文化管理的客体之上，政府从大政方针上进行引导、制定相应的文化政策法规来规范市场。政府的主导性作用有利于明确文化发展的目标，明晰文化发展战略，易于科学的规范文化市场，实现文化发展的高效管理。但这种发展模式也存在着政府负担过重、制度成本高以及社会力量没有得到完全开发等缺陷。

2.市场主导型模式

市场主导型模式是一种更广阔的发展平台，在利益主体多元化的基础上，实现文化的多样发展。其特点主要表现为"市场激活文化，法律政策保障"。市场经济另外两个特征，竞争性和法制性则为市场主导型文化发展提升了产业活力，最大化地调动了市场的能动性，易于实现文化发展的经济效益。但这种发展模式，由于市场经济的盲目性等缺陷，也不可避免的存在文化行为规范性差，文化功能易于异化等缺陷。

3.社会主导型模式

社会主导型模式主要指的是为了管理文化发展，而在社会上自主形成的非政府公共文化机构，这些中介组织主要起着文化管理过程中的桥梁纽带作用，代替政府组织管理文化活动，一定意义上避免了政府对于文化发展的直接干预。这样的发展模式能够更加激发文化发展的活力，政府干预得越少，文化经费的分配越加公平公正，使得文化组织有了更多的自主权，保证了文化建设与党派政治相脱离。其特点主要表现为"中介组织主导，政府拨款调节"。政府根据文化发展的实际情况，适时的对文化发展进行调节资助，确保文化发展的有序性。这种社会型主导模式既广泛调动了庞大的社会力量参与文化管理，还调动了各行各界文化参与者的积极性，市场主导型模式就是强调市场对于文化资源的基础性配置作用,有文化需求就会相应的诞生各类文化活动。市场经济是在资源配置中起基础性作用的经济,市场运用自己的开放性、竞争性吸引各类文化产业的投入,不依靠行政手段,而主要是通过市场调节来实现文化发展。市场主导型带有于实现文化发展的高效管理。但另一方面也不可避免地存在管理环节复杂、功能定位模糊等缺陷。

三、地方文化资源管理模式动力机制

(一)法律法规变革

国家的法律法规是影响地方文化资源管理绩效的首要因素,它使地方文化资源管理有法可依,有章可循。法律上,中国目前与地方文化资源管理有关的法律法规有:全国人民代表大会 1982 年公布施行的《中华人民共和国宪法》,全国人民代表大会常务委员会 1982 年公布施行并于 2002 年重新修订的《中华人民共和国文物保护法》,以及《国务院关于进一步加强文物工作的通知》(1987 年 11 月 24 日)、《中华人民共和国考古涉外工作管理办法》(国务院批准,国家文物局,1991 年 2 月 22 日)、《中华人民共和国文物保护法实施细则》(国务院批准,国家文物局,1992 年 4 月 30 日)、《中华人民共和国文物保护法实施条例》(国务院总理温家宝签署,2003 年 5 月 13 日)、《国务院关于加强和改善文物工作的通知》(国务院 1997 年 3 月 30 日)、《国务院办公厅关于西部大开发中加强文物保护和管理工作的通知》(2000 年 8 月 31 日)。

(二)经济结构变革

在经济变革中,作为产业结构调整的重点,旅游业具有投资省、见效快、赢利高等特点,受到各级政府的高度重视。以地方文化资源为目的地的旅游,又是各类旅游中的精品,在短时期内会使交通业、餐饮业、住宿业、商业等相关行业和部门的消费总量大大增加,带动整个社会经济发展。市场经济的发展,带来了市场意识的提高。市场经营意识、市场管理方式不断向各个领域渗透扩展,促进了地方文化资源管理模式的改革。

(三)社会文化变革

在社会发展中,人民的生活发生了巨大的变化,个人生存需求、发展需求的比重呈现下降的趋势,人们在全部消费需求中维持而发展个人才能和智慧的需求以及自己的生活更舒适、更富有情趣的享受需求的比重呈现上升的趋势,其中,享受需求上涨得最快。同时,人们的消费观念也有了很大转变,追求生活质量、新的消费理念深深影响着消费者,对于高层

次文化的需求正在上升,并且正指向类似精神品位较高的地方文化资源旅游消费等形式,使开发利用地方文化资源成为趋势。

(四)科学技术变革

科学技术的迅速发展为地方文化资源的物质保护提供了新的可能性。随着信息产业的发展,地方文化资源的数字化成为一种必然的趋势,实现地方文化资源保护的"原真性"原则。例如,2000 年 5 月,为了减轻参观敦煌的游人数量,当地文物管理部门与美国梅隆基金会签订了协议,建立的"数字化洞窟",原真的模拟洞窟。网络技术的发展,使建立一个交互式的地方文化资源网络成为可能,地方文化资源管理者可以在网上立刻获得各种数据和信息。但是,应该注意到,由于国家在科技投入与科技政策方面取得很大改善,科技对地方文化资源管理的作用不仅是具体的技术运用,而且是通过一种科技环境来产生影响。

(五)区域社会生态环境、自然环境、社会经济环境

地方文化资源之所以得到重视,是因为它代表了一定的社会、文化、历史特征,包括区域内人的生活习惯和民族文化特征。如果只将保护的眼光局限在地的红线之内,而对它所存在的区域环境的发展不顾,那么最终也会损害地方文化资源本身。区域自然环境系统是指地方文化资源赖以存在的自然环境,包括山川地形、动植物群落、空间、气候等。由于现代工业的发展,许多地方文化资源已经成为一个个孤岛。现代社会的经济生活越来越复杂,社会经济活动已经严重影响了地方文化资源的生存发展,然而,良好的地方文化资源管理又必须建立在一定的物质与制度基础之上。

(六)地方文化资源管理的利益相关者

每个地方文化资源管理模式都会涉及不同的利益关系,地方文化资源管理模式的选择,必须分析利益相关者。地方政府由于在不同的经济社会发展时期,地方文化资源所在地政府会有社会经济发展战略的不同侧重点,因而对地方文化资源管理模式具有很强的影响力。资金提供者无论是政府投资还是民间投资主要关注投资的回报率。政府主要承担哪些数额较大、风险较多、回收期较长的项目,这样不仅可弥补资金投入不足,还会产生很强的示范和导向作用。社会公众关注可能的就业机会、经济收入、自然环境保护、传统文化价值的保护对自己原有生活影响。媒体关注地方文化资源的环境保护、传统文化价值的保护和新闻价值。

（七）地方文化本身等级的多样性、价值内涵多样性

地方文化资源分为世界级、国家级和地方级。就地方文化资源总体而言，它的价值涉及历史文化价值、艺术价值、科学研究价值和经济价值。地方文化资源构成的复杂性，既增加了对其有效管理的难度，同时也为探索不同的管理模式提供了可能。价值内涵的多样性为准确评估其价值增加了难度，文化价值的存在也增加了经济性开发利用地方文化资源的风险。等级的多样性以及价值内涵的多样性使得很难找出一个统一的模式来处理所有的地方文化资源的管理问题，要求地方文化资源的管理模式是多样的，要根据地方文化资源的具体情况，分级分类管理。

我国必须探寻一条适合自己，既保护地方文化资源，又有利于发展经济的路子。对于国外文化资源管理模式中的先进内容，如理性的价值取向、统一管理、政企分开、完善立法、公民参与要积极借鉴吸收，又必须本着因地制宜的原则从改革发展中寻找新的文化资源管理模式。

第三节　国外文化资源管理模式

西方国家地方文化管理模式的一个突出、鲜明的特点是地方文化管理模式选择的多样性。这就是说，地方文化资源管理模式的选择，会因不同国家如英国、法国、日本的经济、社会、文化背景的不同而不同，因地方文化类型、等级或功能的不同而不同，因地方文化资源的权属性质不同而不同，因地方文化资源事务的不同内容而不同。正是这些模式选择的针对性产生出模式选择的多样性。同时，地方文化管理模式多样性，并非放任自流，而是合法地并在一定的标准和规范的引导下进行。

一、国外文化资源管理模式现状

（一）英国文化资源管理模式

英国文化资源管理突出表现在"政府－市场"管理模式上。在英国，文化资源管理组织结构由中央政府国务大臣—环境保护部—地方政府——地方规划部门构成并垂直管理。国家环境保护部和地方规划部门分别是中央和地方的地方文化保护的行政机构，环境保护部负责有关法规、政策的制定，地方规划部门负责辖区内保护法规的落实及日常管理工作，

如古迹、登录建筑、保护区等地方文化资源本身保护及城市规划等相关内容。地方政府主要执行、解释国家法律条文，并为公众提供保护咨询、指南，同时通过制定本地区的规划及法规性文件，对国家立法作有限的补充与深化。在欧洲，英国最早在公共服务领域实行"私营化"与"市场化"。撒切尔政府对地方文化管理制度的改革并非要求将所有权转让给私人，而是要使它们摆脱政府的直接控制，以独立的非营利方式运营。英国在文化资源经营制度方面的特征是由过去的行政管理发展为重视经营，重视制定运营规划，重视市场营销并且强调，地方文化单位受到的资助应当与它为公众提供服务的量和质挂钩。

（二）日本文化资源管理模式

日本文化资源管理突出表现在综合管理模式上。日本的文化资源保护是由文化部门和城市规划部门两个相对独立、平行的行政体系分管。文化部门主管地方文化资源包括传统建筑群保存地区管理工作，其中央主管机构为主部省文化厅，地方主管机构为地方教育委员会。城市规划部门主管古都保护与城市规划密切相关的古都保护及保全等，其中央主管机构为建设省城市局，地方主管部门为城市规划局。《日本文物保护法》规定中央政府负责全国地方文化资源的最重要的部分，而地方政府通过地方立法确立更广大的保护地区，地方政府可以自己设立传统建造群保护地区，制定保护条例、编制保护规划。1998年，日本通过了《特定非营利活动促进法》，通过赋予从事特定非营利活动的团体以法人资格，吸引市民通过义务劳动保护自己的地方文化资源。目前，日本的历史环境保护已经从单体保存延伸到历史资产再生与再利用，从过去传统的以技术取向为主的保护，转向关心当地居民的感受，社区居民积极参与的保护。

（三）法国文化资源管理模式

法国文化资源管理突出表现在"自治化"管理模式上。法国是一个文化资源大国，国家有力地涉入文化资源管理事务。遗址单位是政府机构的一部分，并高度依靠国家资源。在这一传统模式下，一方面政府主管部门的规定太多、太死，如财政预算、人员管理等；另一方面，资源管理机构本身行动自由，无一定标准。由于地方文化的唯一性和垄断性，既易因争夺而造成多部门分权，又会使地方文化资源管理本身缺乏竞争。并且文化资源管理往往重研究成果，轻公众服务，轻商业考虑，轻成本效益。这样，传统模式的主要弊病是管理效率问题。

法国对文化资源管理体制改革的着眼点不在地方文化所有权，而是管理制度，即所谓"去国家化"，或"自治化"。这种改革表现为三个方面，即单位的组织结构、法规财政。针对文化资源管理具体问题,法国的改革有其特色。

法国文化部下设文化地方文化局,地方上也有相应机构,负责调查和监督地方文化资源的现状和维护情况。在法国,直接由国家管理的重点遗址古迹不足,近一半的由市级部门管理,而半数为私人管理。地方政府根据城市自身特点结合城市规划制定更为详尽、深入及有针对性的保护、管理、控制性法规与法规性文件。法国以《历史古迹法》和《马尔罗法》分别作为遗址建筑与保护区两个层次内容的保护法的核心。完善的国家立法框架与灵活、详尽的地方立法的相互结合是法国文化资源保护制度的特色。

在文化资源经营方面,文化资源管理事务既"外部化",又"内部化"。外部化,是指一个文化资源机构将它的部分地方文化事务,如游客接待娱乐活动、安全、维护事务,以及辅助性事务,如购物、餐饮等事务,转让给私人机构经营。这样,文化地方文化管理机构依然保持着它的公共性质。"内部化"是指将上述事务统一收回,由地方文化资源管理机构自己经营。这样,文化资源管理机构不仅公共性质不变,同时在经营上又完全自治。

二、国外文化资源管理模式的对比分析

对国外地方文化资源管理模式共同优点及局限性分析研究,探索国内外地方文化资源管理的共同规律,以期分析对我国地方文化资源管理模式变迁,创建适合我国地方文化资源管理模式。

(一)国外文化资源管理模式优势

第一,不同层次的管理都只设一个行政主管部门,其他相关部门在自身职责范围内协助与监督该主管部门工作。这样就从体系上避免了在行政管理过程中因存在两或多个主管部门而造成的互相扯皮、推诿、职责不清的状况。这符合了亨利法约尔的统一命令、统一指挥的管理原则。法约尔在其名著《工业管理和一般管理中的一项管理原则》规定"一个雇员不管采取什么行动,只应接受一位上级的命令。"

第二,全国性的法律、法规健全,法律文件内容的操作性与适应性很强。并且各类相关政策的制定为保护提供了多渠道,多层次的资金筹措方式,如减免税收,贷款、公用事业拨款、发行奖券、自筹资金等形式。

第三,地方文化资源保护资金既包括传统上来自公共财政中央政府与地方政府的资助和税赋优惠,又打开或扩展了来自私人基金会、企业、家庭或个人的投入、资助与捐赠。另

外,经费问题的改善还得力于政府对遗址文化遗产资源管理的放权。对一些低级别遗址文化遗产资源,可以通过售让、契约租让等方式,将所有权或经营权转移到非政府机构手中,使有限的公共资金集中于更关键的遗产文化事务上。

第四,调动民间和私人积极性参与管理,将公众利益、公众服务置于地方文化资源管理工作的关键地位,已成为国外遗址文化遗产资源管理的另一重要特点。这使得自下而上的保护要求和自上而下的保护约束能在一个较为开放的空间中相互接触和交流,并经过多次反馈而达成共识,使民间自发的保护意识能够通过一定的途径实现为具体的保护参与。

(二)国外文化资源管理模式劣势

第一,缺少较细的专业分工,管理者负担较重,且一旦决策失误就会造成较大损失。每个组织需要依靠自己的网络环境来发展而不是依靠垂直管理。例如与中介组织、当地政府、社会的伙伴关系引起了高度重视。

第二,垄断性经营及公益性受损问题。由于地方文化资源具有独特性和唯一性,当它由私人部门经营时,垄断性可能会使公众的消费成本上升,产生公益性和公平性受损问题。而且人们还担心,私营化可能会忽略非营利性质,从而出现贿赂等腐败问题。

本 章 小 结

丰厚的地方文化资源是可以随处触摸到的我们民族的灵魂。地方文化资源具有动态性、非独占性和可再生性。对于历史时空里留下来的地方文化资源进行保护和开发,是在传统基础上的创新,有利于文化资源在经济发展领域的创新利用,并能够成为社会和谐和新文化建设的潜在动力。

思考与探讨

1. 如何理解地方文化资源管理内涵和性质?
2. 地方文化资源管理的特征和原则是什么?
3. 地方文化资源管理的形成动力是什么?
4. 分析国外文化资源管理模式的优劣势。

第九章　文化管理体制改革与文化管理创新

文化管理体制的改革与创新,是维护国家文化安全,增强我国文化软实力的重要保障,深化文化体制改革、解放和发展文化生产力,促进文化事业和文化产业快速发展,是加快社会主义现代化建设的内在要求,是提升我国综合国力的迫切需要,关系全面建成小康社会奋斗目标的实现,关系中国特色社会主义事业总体布局,关系中华民族伟大复兴。

【学习目标】

1. 认识我国文化管理体制改革历程。
2. 掌握我国文化管理体制改革理论创新的内容。
3. 理解文化体制改革内涵。
4. 了解文化管理体制改革和创新的思路。

第一节　我国文化管理体制改革历程和理论创新

一、我国文化管理体制改革历程

(一)主要是开展试点,探索经验阶段(2003—2005 年)

2003 年 6 月,全国文化体制改革试点工作会议在北京召开。会议按照党的十六大关于深化文化体制改革的要求,研究部署文化体制改革试点工作,突出强调了文化建设的重要性,明确了文化建设和文化体制改革的方针原则和目标任务,要求抓紧制定文化体制改革总体方案,继续深化文化体制改革。

开展文化体制改革试点工作,就是要从理论和实践的结合上进行探索,为制定文化体制改革总体方案、推动文化体制改革作准备。对此,中央办公厅、国务院办公厅、中宣部、文化部等部门先后下发了《中宣部、文化部、广电总局、新闻出版总署关于文化体制改革试点工作的意见》《关于印发文化体制改革试点中支持文化产业发展和经营性文化事业单位转制为企业的两个规定的通知》(国办发〔2003〕105 号)《关于在文化体制改革综合试点地区建立文化市场综合执法机构的意见》《关于文化领域引进外资的若干意见》等一系列文件,为文化体制改革试点提供了强有力的政策保障。历经两年多的探索实践,试点工作取得明显成效,为全面推开改革提供了典型示范、积累了成功经验、奠定了工作基础。

(二)主要是扩大试点、逐步推开阶段(2005—2010 年)

2005 年底,中共中央、国务院发出《关于深化文化体制改革的若干意见》,这是深化文化体制改革的重要纲领性文件。《意见》在总结前一阶段试点经验的基础上,就文化体制改革的指导思想、原则要求、目标任务作了全面的阐述,细致规划了文化事业单位改革、文化企业改革、文化领域结构调整、现代文化市场体系培育和健全宏观管理体制、加强文化体制改革工作领导的具体思路,要求除新疆、西藏以外的所有省(区、市)都要确定改革试点地区和单位,取得经验后逐步推开;新疆和西藏也要从自身实际出发,逐步推进改革。2006 年 9月,中办、国办印发我国第一个国家级文化建设中长期规划——《国家"十一五"时期文化发展规划纲要》,把文化发展纳入国家发展的总体战略加以统筹规划,进一步推动了文化领域改革发展进程。一方面明确提出了建设实用、便捷、高效的公共文化服务网络的要求,另一方面明确提出了优化文化产业布局和结构、转变文化产业增长方式、培育文化市场主体等目标要求,进一步明确了加强文化建设、深化文化体制改革的方向。此后,改革目标任务不断细化、政策环境日益优化,在重点领域和关键环节取得新的进展。至此,文化体制改革在稳步推进的基础上,走上逐步推开的新征程。

(三)主要是加快推进,全面展开阶段(2010—2011 年)

2010 年 9 月,全国文化体制改革工作会议在青岛召开,总结前一阶段全面推进文化体制改革的情况,明确了深化文化体制改革特别是促进文化发展方式转变的要求。10 月,党的十七届五中全会通过《中共中央关于制定国民经济和社会发展第十二个五年规划的建议》,从加快推进公益性文化事业单位改革、深入推进经营性文化单位转企改制、完善现代文化市场体系、加快推进文化管理体制改革、建立健全国有文化资产管理体制和运行机制、加快完善版权法律政策体系等几个方面,对下一阶段的文化体制改革作出了部署。

在这一阶段,改革大力度推进、全方位展开、纵深化拓展,部分领域基本完成改革任务,重点难点取得重大突破。国有文艺院团改革取得突破性进展。中宣部、文化部与相关省(区、市)宣传文化部门进行了深度沟通,坚持实事求是,从实际出发,确定了"转企一批"

"合并一批""划转一批""撤销一批""保留一批"的改革路径,为各类国有院团改革确定了实际路径。公益性文化事业单位内部机制改革不断深化,普遍实行了全员聘用制和岗位责任制,干部职工的积极性和创造性得到进一步发挥,公共文化服务能力明显提高。

(四)主要是攻坚克难,完成任务阶段(2011—2013年)

2011年10月,党的十七届六中全会通过的《中共中央关于深化文化体制改革推动社会主义文化大发展大繁荣若干重大问题的决定》,深刻阐述了推进文化改革发展的重要性和紧迫性,明确了推进文化改革发展的指导思想、目标任务、重要方针,提出了推进文化改革发展的重大举措。这是第一次以中央全会的形式就文化改革发展的重大问题作出决定,也是我国历史上第一次提出建设社会主义文化强国的宏伟目标和战略任务。随后,各地区各部门兴起文化改革发展热潮,推动文化体制改革阶段性任务全面完成。2012年11月,党的十八大召开,强调"建设社会主义文化强国,关键是增强全民族文化创造活力",标志着我们党对文化建设规律的认识越来越全面,越来越深刻。十八大之后的新一届中央政府首先从转变政府职能做起,大力推进改革。2013年3月,国家新闻出版总署和国家广播电影电视总局合并为国家新闻出版广电总局,进一步统筹新闻出版广播影视资源,加强对各类媒体的行政管理。这个阶段,基本完成中央确定的文化体制改革阶段性任务。

(五)文化体制改革进入全面深化的新阶段(2013至今)

按照党的十八大关于全面深化改革开放的目标任务和扎实推进社会主义文化强国建设的总体要求,2013年党的十八届三中全会通过的《中共中央关于全面深化改革若干重大问题的决定》鲜明提出,全面深化改革的总目标是"完善和发展中国特色社会主义制度,推进国家治理体系和治理能力现代化",强调全面深化改革是关系党和国家事业发展全局的重大战略部署,不是某个领域某个方面的单项改革,而是包括经济、政治、文化、社会、生态文明以及党的建设等的全方位改革。《决定》提出到2020年在重点领域和关键环节改革上取得决定性成果,建立起比较完善的中国特色社会主义制度,形成系统完备、科学规范、运行有效的治理体系。对于文化体制改革,党的十八届三中全会也进行了战略部署,提出要以激发全民族文化创造活力为中心环节,以完善文化管理体制、建立健全现代文化市场体系、构建现代公共文化服务体系、提高文化开放水平为重点任务。

二、我国文化管理体制改革理论创新

在文化体制改革的实践中,中国共产党推动解放思想、转变观念,实现文化建设理论上的突破,提出文化改革发展的正确思路,不断以思想的新解放、理论的新发展推动文化改革发展实践的新创造。

（一）明确了文化建设是中国特色社会主义事业总体布局的重要组成部分

改革开放以来,全党乃至全社会对文化地位的认识不断提高。早在2002年,党的十六大报告以专门章节论述"文化建设和文化体制改革",指出:"当今世界,文化与经济和政治相互交融,在综合国力竞争中的地位和作用越来越突出。文化的力量,深深熔铸在民族的生命力、创造力和凝聚力之中。"2007年,党的十七大明确把文化建设列入"四位一体"的建设中国特色社会主义事业总体布局,强调要"全面推进经济建设、政治建设、文化建设、社会建设,促进现代化建设各个环节、各个方面相协调,促进生产关系与生产力、上层建筑与经济基础相协调"。2012年,党的十八大召开,把总体布局由经济建设、政治建设、文化建设、社会建设"四位一体"拓展为包括生态文明建设的"五位一体",这是从全面建成小康社会、实现中华民族伟大复兴的高度作出的战略部署。

（二）明确了要坚持走中国特色社会主义文化发展道路

在科学发展观指引下,文化领域总结历史经验,解放思想,开拓创新,从我国国情和文化发展的实际出发,致力于马克思主义中国化,探索新的历史条件下文化发展的客观规律,提出了一整套文化改革发展理论,逐步形成了新的文化发展理念,找到了一条中国特色社会主义文化发展道路。2011年,党的十七届六中全会提出了"坚持中国特色社会主义文化发展道路,把我国建设成为社会主义文化强国"的重要命题。党的十八届三中全会也指出:"建设社会主义文化强国,增强国家文化软实力,必须坚持社会主义先进文化前进方向,坚持中国特色社会主义文化发展道路",并提出完善文化管理体制、建立健全现代文化市场体系、构建现代公共文化服务体系、提高文化开放水平,进一步深化文化体制改革,这是坚持和发展中国特色社会主义在文化领域的具体体现。

（三）明确了文化"魂"与"体"的关系

社会主义核心价值体系是社会主义意识形态的本质,体现着社会主义先进文化的精神价值,蕴含着中华民族优秀传统文化和人类文明有益成果,是当代中国文化的"魂",是文化软实力建设的重点,是决定文化性质和方向的最深层次要素。国民教育体系、公共文化服务体系、文化产业和各种形式的文化产品,是承载文化精神价值的"体",担负着弘扬社会主义核心价值体系的重要责任,是传播先进文化的有效途径。"魂"与"体"相互依存、相辅相成,统一于精神生产和文化建设的实践中。离开了"魂","体"就失去了精神价值的支撑,就会空洞无物,失去思想性和生命力,甚至偏离正确的方向;离开了"体","魂"就无所依附,难以传播,文化的精神价值就难以实现,就难以发挥教育引领的作用。

(四)明确了文化"两种属性"的认识

文化产品和服务一方面具有意识形态的属性,具有作为价值载体的属性;另一方面,在市场经济条件下,还具有经济的属性、产业的属性、商品的属性,可以通过市场的交换实现价值。在两种属性中,意识形态属性是文化产品和服务的特殊性,商品、产业、经济属性是文化产品和服务的普遍性,文化的两种属性是相互依存的。正确把握两种属性,又要求我们必须正确认识和处理文化发展中的两个效益,即社会效益与经济效益的关系,要始终坚持把社会效益放在首位,努力做到社会效益与经济效益相统一。

(五)明确了"双轮驱动"的文化发展思路

十六大以来,我们党努力探索中国特色社会主义文化建设的内在规律,正确认识文化的双重属性、双重功能,提出了"双轮驱动"的发展思路,即坚持一手抓公益性文化事业,一手抓经营性文化产业,两手抓,两手都要硬。这是中国特色社会主义文化理论的重大突破和创新,其重大意义在于,廓清了过去长期以来我们在文化建设上的思想迷雾,厘清了文化建设中政府职责和市场功能的科学定位、公益性文化单位和经营性文化单位的不同功能,确定了不同的改革路径,实现了"双轮驱动""两翼齐飞",既最大限度地保障人民基本文化权益,又最大限度地释放出社会进行文化创造、文化生产的活力,为新时期新阶段文化改革发展找到了现实的路径。

(六)明确了要进一步发挥市场在文化资源配置中的积极作用

党的十七届六中全会明确提出"发挥市场在文化资源配置中的积极作用"。政府要减少行政审批,不再过度干预市场行为,同时加强法治建设,健全文化市场法规体系,完善文化市场运行基本规则;同时,市场竞争环境必须公平、宽松,要降低门槛、放宽市场准入条件,对国有和民营一视同仁,公平竞争,要给市场主体松绑,实行优胜劣汰。表明了我们党对市场在文化发展中的作用、地位的认识达到了一个全新的高度。按照这一认识,我们加强政府政策引导和公共服务职能,营造发展氛围,加快构建统一开放竞争有序的现代文化市场体系。

（七）明确了要保障人民群众的基本文化权益

我国的社会主义性质决定了文化建设必须以满足人民群众的基本文化需求为出发点和落脚点，保障人民的基本文化权益。在文化体制改革的过程中，党和政府强调以人为本、全面建成小康社会、共建共享和谐社会，让发展成果惠及全体人民，较多使用"文化权益"概念。文化权益主要包括人民群众享有接受教育和进行科学研究、文化活动等权利，是人们精神生活的需要。保障人民群众基本文化权益的提出，明确了文化权益与政治权益、经济权益一样，属于人民群众的基本权利。党的十七大正式确认这一提法，将之列入文化发展"三个使"目标之一，强调"要坚持社会主义先进文化前进方向，兴起社会主义文化建设新高潮，激发全民族文化创造活力，提高国家文化软实力，使人民基本文化权益得到更好保障，使社会文化生活更加丰富多彩，使人民精神风貌更加昂扬向上"。

（八）明确了要建设优秀传统文化传承体系

党的十七届六中全会用专门段落阐述"建设优秀传统文化传承体系"。"传承体系"新理念的提出，说明我们党更加注重文化遗产保护传承的系统化、规范化。党的十八大以来，习近平总书记在讲话中多次提到继承和弘扬中华优秀传统文化的态度和原则，强调要加强对中华优秀传统文化的挖掘和阐发，努力实现中华传统美德的创造性转化、创新性发展，把跨越时空、超越国度、富有永恒魅力、具有当代价值的文化精神弘扬起来，把继承优秀传统文化又弘扬时代精神、立足本国又面向世界的当代中国文化创新成果传播出去。

（九）明确了要推动文明交流互鉴

文明因交流而多彩，文明因互鉴而丰富。文明交流互鉴，是推动人类文明进步和世界和平发展的重要动力。党的十七届六中全会要求，努力推动中华文化走向世界，积极吸收借鉴国外优秀文化成果，开展全方位多领域深层次的对外文化交流，广泛参与世界文明对话，增强中华文化在世界上的感召力和影响力，共同维护文化多样性。习近平总书记在巴黎联合国教科文组织总部发表重要演讲，全面深刻阐述对文明交流互鉴的看法和主张，还强调应该推动不同文明相互尊重、和谐共处，让文明交流互鉴成为增进各国人民友谊的桥梁、推动人类社会进步的动力、维护世界和平的纽带。推动文明交流互鉴，反映出我们对文化、文明交流规律的把握，是对外开放理论的重大发展，充分彰显了中华民族海纳百川、开放包容的特征，将推动我们的对外文化交流更加全面科学，更加富有成效。

(十)明确了文化工作要把握好"度"

文化工作的"度"是指在文化建设中,"左"不得、右不得,快不得、慢不得,松不得、紧不得,急不得、缓不得。如何把握好这个"度",是对我们能力水平的最大考验。把握好"度",需要用全面的、发展的、辩证的眼光看待问题,着力破解文化改革发展的难点热点,统筹兼顾,区分轻重缓急,处理好点与面、当前与长远的关系,统筹协调好各方面关系。把握好"度",需要加强调研,把握新形势,了解新情况,发现新问题,提出新思路,采取新举措,不断创新文化事务管理方式。把握好"度",更需要我们有担当的勇气,心无旁骛,心静气正,排除来自各方面的杂音、噪音、干扰,守土有责,保护文化发展的良好环境,抓住文化发展的大好机遇。只有这样,才能更好地贯彻落实党中央对于文化体制改革的战略部署,才能真正形成新的文化自觉和文化自信。

第二节　文化管理体制改革概述

一、文化管理体制

(一)文化管理体制定义

对于文化管理体制,学界目前尚未作出清晰明确的界定。严格说来,所谓文化管理体制,应主要指有关政府管理文化的职能和组织体系、政府管理文化的方式、政府与文化单位之间的关系,合理规范文化单位之间与社会其他经济组织、团体之间关系所确定的制度、准则和机制。改革文化管理体制,就是不断强化文化管理机构建设和政府的文化管理功能,逐步形成一个强有力的文化管理体系和高效协调的文化管理运行机制。

(二)文化管理体制主要内容

文化管理体制主要包括以下几个方面的内容:一是经营管理制度,规定政府、企事业单位和劳动者各自的责任,划分各自的权利,分配和调节各方面的利益以及规定不同的经营方式;二是管理形式,包括根据行政区域划分而设立的各级政府文化管理机构以及按照国家文化管理职能与文化生产、传播方式内在联系所建立起来的文化行政管理机构;三是文化生产、传播方式,主要包括事业生产方式、产业生产方式和事业产业相结合的生产方式,计划经济的生产方式和市场经济的生产方式,政府主导的文化传播方式和市场主导的文化传播方式等等。

（三）文化管理体制的主要职能

文化管理体制的形成、改革与发展是涉及上层建筑领域诸多方面的一项社会系统工程，既与经济体制密切相关，又与政治体制紧密相连。从政治、经济、管理等多个视角来分析文化管理体制，对我们更深入地分析我国文化管理体制的变迁，更深刻地理解文化产业内涵，更科学地制定文化发展政策大有裨益。

1.意识形态政治职能

文化管理体制的政治职能是指文化产业对国家政治产生的干涉性作用，文化能够引导意识形态，整合人们的价值观以促使公众形成"文化共同体"与"政治共同体"，以形成一个国家的社会意识，增进文化认同，特别是在当今社会，国家和组织都热衷于将文化管理体制中的核心部分如新闻传播等作为舆论或意识形态领导工具，从而发挥其强烈的干政性和参政性。可见，文化管理体制具有强烈的意识形态属性。

2.文化产业经济发展职能

文化管理体制体现了国家、政府、公民在文化利益分配和文化权利上的一种关系，这种关系适应生产力的要求时，就会推动社会经济的发展。文化管理体制中文化战略的规划、政策法规的制定，其目的就是引导社会文化资源实现优化配置，在各产业部门之间建立高效和谐的产业结构，以促进国民经济和社会文化的持续、协调和健康发展。

3.公共文化服务供给职能

公共文化服务供给的根本要求是满足最广大人民群众日益增长的文化需求，保证全体民众享受到基本的精神文化产品（服务），保障人民群众最基本的文化权益。公共服务供给体系的建设也是我国文化体系建设的重要内容，同时公共文化供给体系的完善也离不开文化管理体制改革的深入推进。

二、文化管理体制改革

（一）文化管理体制改革的内涵

文化管理体制改革就是指对旧的、不合理的文化管理体制进行改革，它是一场有别于经济体制改革的全新的国家文化制度层面的改革。文化管理体制改革的重点是理顺文化事业与文化产业的关系，转变政府文化管理的职能，建立新的国家文化管理体制，其核心是转变党管理意识形态的执政方式,从根本上提高党的文化执政能力。文化管理体制改革的价值旨归,在于推动文化事业和文化产业的发展,扶持公益性文化事业,发展文化产业,鼓励文化创新,培育骨干文化企业,生产更多健康向上的文化产品,满足人民群众多样化的文化需求。

(二)文化管理体制改革的动力

1. 摆脱传统文化管理体制束缚的需要

传统文化管理体制的背景是社会主义计划经济,在文化生产方面也采取了计划经济的管理方式,文化产品的生产、分配、交换、消费等各个环节的连接主要通过行政部门和生产部门的协调来完成,在这种情况下行政指令则会成为调节文化生产的主要手段。

2. 满足人们日益增长的需要

随着我国经济的持续、快速、健康发展和居民文化素质提高、消费结构的转变,人们的精神文化需求越来越多元化。但是,当前我国的部分优质文化资源还被现行的文化管理体制所束缚。长期以来在体制上保持"两张皮",过分强调文化的上层建筑和意识形态特点,使文化的建设脱离经济和社会生活,潜力得不到充分释放。因而,只有通过深化文化管理体制改革,才能进一步促进文化的繁荣发展,为人们提供更多更好的文化产品与服务。

3. 新形势发展的需要

当今世界文化产业竞争的范围进一步扩大,已经从以往区域性的竞争转向全球化。我国加入世界贸易组织以后,对我国的文化企业来说,挑战与机遇并存。据有关资料介绍,世界贸易组织影响缔约方文化产业的方面有:世界贸易组织和有关协议文件将世界贸易规则扩大到服务业,并达成服务贸易总协定,服务业包括:咨询、策划、公共关系、展览、广电、律师、旅游、音像、会计等广泛的领域,这其中有许多属于文化产业范畴;世界贸易组织和有关协议强调无歧视原则、互惠互利、最惠国待遇和国民待遇原则,扩大文化产品的准入范围。世界贸易组织和有关协议对可保护的知识产权做出了明确的规定,而文化产品(报纸杂志、出版物、广播电视节目、音像制品、广告设计)属于知识产权。在视听服务方面,要求中国允许外资企业从事视听产品的制作和发行,取消对视听产品(如电影、电视剧)的进口配额。世界贸易组织有关协议具有法律制度上的有效性,一旦世界贸易组织的有关协议开始生效,发达国家的优势文化产业可在贸易中利用开放的市场长驱直入。

4.转变经济发展方式的必然要求

文化产业环境污染小、资源消耗低、消费空间广、市场需求强、发展潜力大,特别是在文化与产业融合日益紧密的今天,已经成为最符合科学发展观的优质产业。因此,大力推动文化管理体制改革,优化我国文化生产力发展的制度环境,促进我国文化产业又好又快发展,增强其自身的核心竞争力,提升在国民经济中的比重,发挥其在调解经济产业结构、促进居民消费、带动就业中的重要作用。

(三)我国文化管理体制改革的目标与任务

1.我国文化管理体制改革的目标

《中共中央国务院关于深化文化管理体制改革若干意见》中明确指出,文化管理体制改革的目标任务是:以发展为主题,以改革为动力,以体制机制创新为重点,形成科学有效的宏观文化管理体制、富有效率的文化生产和服务的微观运行机制、以公有制为主体、多种所有制共同发展的文化产业格局和统一、开放、竞争、有序的现代文化市场体系;要形成完善的文化创新体系,形成以民族文化为主体、吸收外来有益文化,推动中华文化走向世界的文化开放格局。

2.我国文化管理体制改革的任务

第一,建立新型的政府文化管理模式。新时期深化文化管理体制改革,就要重构政府文化管理体制。这种设计理念的核心内涵是,把同一种权力形态相对完整地分配给相应的组织成员,上下级之间各自的权力范围界限相对明确清晰,使党委、政府、文化部门和基层文化单位享有比较完整的领导权、管理权和运营权,使以"树结构"为基本特征的传统文化组织形式演进为以"果结构"为基本特征的组织形式。这种改革不是过去那种对组织表层规则的微调,而是一种组织结构(类型)的转换,它体现为传统组织模式的解构和新型组织模式的缔结。

第二,建立符合社会主义市场经济要求的文化企事业制度。我国文化企业特别是大型文化企业都具有垄断性质,报刊有报号刊号,广电有频率频道,这些领域长期以来是不允许私有资本进入的。尽管如此由于体制的原因,我国的文化市场竞争力并不是很强。很多国际文化集团已经进入我国的文化市场,不进行体制改革,后果是不堪设想的。文化企事业单位是社会主义文化市场的基本主体,没有现代文化企事业制度就没有现代文化企业和现代文化事业,没有现代文化企业和现代文化事业就不可能建立适应社会主义市场经济的现代文化管理体制。

第三,建立符合社会主义市场经济要求的文化投融资体制。所谓文化投资是一定的经济主体为获取社会的、经济的效益而投入货币或其他资源于文化事业、文化产业的经济活动。它包括人力、物力、财力和时间等。在这种经济活动中金融资本的运用具有特殊的意义,因而文化投资也指文化金融投资。文化投融资实际上是指投资和融资两个概念,两者的区别在于资本的流向不同。文化投融资的主体既包括政府、个人,又包括企事业法人单位,因而文化投融资体制又可分为宏观投融资体制和微观投融资体制,宏观投融资体制涉及整个文化领域和某个文化部门的所有制结构,微观投融资体制涉及一个文化单位和文化企业的资本结构。进行文化管理体制改革,是解决我国文化事业和文化产业发展所需要巨大的资金缺口问题的保证,因而进行文化投融资体制改革,建构一个与社会主义市场经济相适应的文化投融资体制是解决资金瓶颈的重要环节。

(四)我国文化管理体制改革的基本原则

《中共中央国务院关于深化文化管理体制改革的若干意见》专门指出,坚持社会主义先进文化的前进方向;坚持马克思主义在意识形态领域的指导地位,确保国家文化安全;坚持勇于实践、大胆创新,树立新的文化发展观;坚持把社会效益放在首位,努力实现社会效益和经济效益的统一;坚持文化事业和文化产业协调发展;坚持区别对待、分类指导、循序渐进、逐步推开。

1. 坚持和巩固党在意识形态领域的领导地位

文化管理体制改革要坚持为人民服务、为社会主义服务的方向,坚持百花齐放、百家争鸣的方针,弘扬主旋律,提倡多样化,支持健康有益文化,努力改造落后文化,坚决抵制腐朽文化。一切思想文化阵地和文化产品都要宣传科学理论、传播先进文化、倡导科学精神、塑造美好心灵、弘扬社会正气,决不给错误思想和文化垃圾提供传播渠道。要始终坚持马克思主义在意识形态领域的指导地位,不断加强和改善党对文化工作的领导,牢牢掌握对国有文化企事业单位主要领导干部的任免权、重大事项的决策权、资产配置的控制权、宣传内容的终审权。

2. 坚持解放思想、实事求是、与时俱进

深化文化管理体制改革首要的是贯彻落实党的十六大、十六届三中、四中全会精神,深刻领会中央提出的一系列新思想、新观点、新论断,实现思想上的新提高、认识上的新飞跃。树立符合社会主义精神文明建设的特点和规律,适应社会主义市场经济发展要求的新的文化发展观,不断增强实践观念、群众观念、市场观念、创新观念。最大限度地调动干部群众的积极性、能动性和创造性,鼓励多种形式的探索和试验,从群众中汲取改革的动力,从实践中找到改革的办法。在改革发展的实践中解放思想、开拓创新,在解放思想的基础上统一思想、不断前进。要坚持因地制宜、先点后面、统筹兼顾。

3.坚持把改革与发展结合起来,以改革促发展,以发展推改革

文化管理体制改革事关国家安全和社会稳定,政治性、政策性很强。既要大胆探索、勇于创新,又要细致稳妥、有序推进。要充分考虑文化的意识形态特点,充分考虑社会主义精神文明建设的要求。把深化改革与促进发展统一起来,把加大改革力度与加强宏观管理统一起来,把增强微观竞争力与提高宏观控制力统一起来,精心组织,有领导有步骤地把改革引向深入。

4.分类指导、循序渐进

分类指导主要包括两个方面:从地域上讲,根据东、中、西部地区的不同情况,根据沿海、沿边、沿江的不同情况,因地制宜,有计划、有步骤地推动文化管理体制改革在全国范围内展开。从文化的性质和功能来看,要按照中央文件的要求,明确界定公益性文化事业和经营性文化产业的界限,加强分类指导。循序渐进主要是指,从改革的进度来看,可以有先有后,不搞一刀切。在全国范围看,先行试点地区和单位要在巩固已有成果的基础上,逐步全面推开;其他省、市、区要先确定试点地市和文化单位作为试点,取得经验后再逐步展开;少数条件尚不成熟的地区和单位,可以根据自身的实际情况,深入调查研究,积极创造条件,为下一步的改革做好思想和工作准备。

第三节 文化管理体制改革创新

文化管理体制的改革与创新,必须把促进文化事业的高度繁荣和文化产业的健康发展作为出发点,严格遵循行政管理规律、文化发展规律、市场经济规律、世贸组织规则,突出重点,有针对性地进行。

一、文化管理体制改革创新的指导思想

(一)坚持马克思主义的指导地位

文化管理体制的改革与创新,必须坚持马克思主义的指导地位,全面贯彻落实科学发

展观,才能有效地抵制和消除各种落后、腐朽的思想文化影响,才能创造性地推进社会主义文化建设,才能不断满足人民群众日益增长的精神文化需求,进而为改革开放和现代化建设提供强大的精神动力和智力支持。

(二)解放思想,实现思想观念的创新

文化管理体制的改革与创新,必须要解放思想,实现思想观念的创新,通过理论创新,推动制度创新与文化创新,进而促进中国特色社会主义文化的健康发展。对此,要做到思想观念的"四个转变",一是从单一的小文化向"与经济和政治相互交融"的大文化的转变;二是从计划经济体制下的文化向市场经济体制下的文化的转变;三是从政府行政部门主要微观办文化向主要宏观管文化的转变;四是从主要用行政办法管文化向主要依靠政策法规管文化的转变。在此基础上,文化管理体制的改革与创新才会真正成为现实。

(三)充分考虑我国文化领域的意识形态特点

文化管理体制的改革与创新,必须充分考虑基本国情,充分考虑文化领域的意识形态特点,充分考虑文化事业和文化产业发展的需要。由于文化管理体制的改革与创新是一项复杂的系统工程,因而必须建立健全党委统一领导、政府组织实施、党委宣传部门协调指导、行政主管部门具体落实、有关部门密切配合的领导体制和工作机制。

(四)适应社会主义市场经济发展的要求

文化管理体制的改革与创新,必须适应社会主义市场经济发展的要求,借鉴经济领域改革的成功经验和国外的有益做法,以发展为主题,以改革为动力,以体制机制创新为重点,以创造更多更好适应人民群众精神需求的文化产品为目标,形成有利于多出精品、多出人才,充分调动广大文化工作者积极性、主动性、创造性,富有生机活力的文化管理体制和运行机制。

二、文化管理体制的改革与创新的思路

(一)加快宏观管理体制改革,促进政府职能的转变

要按照建设法治政府和服务型政府的要求,扎实推进政企分开、政资分开、政事分开、政府与市场中介组织分开,以使文化行政管理部门更好地履行政策调节、市场监管、社会管理和公共服务的职能,有效实现政府对文化发展的宏观调控和依法监管。

1.强化政府的文化行政管理职能

第一,深化文化行政审批制度改革,尽量减少审批环节,简化审批手续,逐步实行登记

备案制度。要改革办事程序,公开办事制度,大力推广电子政务,实行"一个窗口办事,一条龙服务",减少办事环节,提高办事效率,搞好配套服务。凡文化市场能够做到的事情,除国家规定必须禁止的以外,都应逐步让位于市场。

第二,解除文化行政部门与直属文化企事业单位的行政隶属关系,革除"管办不分"的积弊,促使国有文化单位真正成为依据市场规律,自主经营、自负盈亏、自我发展、自我约束的法人实体。对于微观的文化生产经营行为,放手让文化生产单位自主进行,政府文化行政部门则重在从宏观上加以引导和调控。

第三,改革和完善文化决策机制,建立"专家委员会",在重大文化项目、重大文化投资、重大文化活动等方面进行咨询研究,以加强政府决策的科学化。

2.更好地配置文化资源

第一,尽快拆除部门垄断、行业垄断、地方保护和所有制歧视等种种阻碍文化发展的障碍,促进国内文化企业积极参与文化市场竞争和国际文化贸易。

第二,按照一手抓繁荣、一手抓管理的方针,健全文化市场体系:一方而要完善管理机制,善于利用市场融资和增效的两个基本功能来发展文化产业,努力通过市场提高文化产品和文化服务的使用效率,进而建立起传播健康精神文化产品,促进资源优化配置,公平竞争、健康有序的市场环境;另一方而要整顿市场秩序,加大执法力度,坚持扫黄打非,切实保护知识产权。

第三,加强对行业组织的指导,逐步健全和规范文化行业组织,充分发挥其团结、联系、教育从业人员的作用,制定行业规范,实行行业自律,提高文化企事业单位依法运营的水平。

(二)加快投融资体制改革,促进社会主义文化大发展大繁荣

投融资体制的改革,归根结底是为了繁荣社会主义文化,它追求的是社会效益的最大化,其投融资的目标应是文化生产和服务的第一线;投入的方式应由单一的经费投入变为有偿制、借贷制、招标制等多种投融资方式。投入前要经过周密科学的论证;投入后要及时进行督查,保证项目的顺利实施,直至创出预期的社会及经济效益。

1.政府从资金和政策上促进投融资体制改革

各级政府应加大对文化的投入,并切实保证政府对文化发展特别是重点文化项目的经费投入与财政收入同步增长,以从资金和政策上支持改革。

第一,要逐年增加国家财政对重要文化部门的投资比例,把文化创新体系建设和重点文化项目的投融资纳入政府综合经济管理部门的年度计划,在国债投资、政策性贷款、低息贷款等方而给予积极的支持,以形成国有资本的投资增长机制。

第二,要以各类专项补助资金和政策性贷款的形式,支持文化要素市场升级和各类文化单位的结构调整及其转企改制并对需要扶持的文化项目给予必要的资助。

第三,要鼓励全社会在捐助各类公益性文化项目的同时,积极投资新兴文化产业,进而形成以国家为主体、全社会共同参与的多元化的文化发展投融资机制。

2.政府要加强投融资体制改革的指导作用

各级政府应坚持分类指导、统筹规划的原则,针对当前文化领域分工繁杂、发展方式多样的实际,对于不同类型的文化生产领域进行不同方式投入与管理。

第一,对于公益性文化事业,政府必须予以保护性管理,要对其加大投入、支持和保障力度。当然,对于改革以后保留的公共财政投入的事业单位,需要采取目标管理和绩效考核管理的制度,以促使其逐步提高公共文化服务效率。

第二,对于经营性文化产业,则要在投入与管理中做进一步细致的划分:一是重点扶持承担着社会主义文化传媒职能的政治性、公益性新闻媒体、重要科研机构和体现民族特色和国家水准的艺术院团;二是通过加大政府投入力度和完善财税优惠政策,支持一批有战略意义、有市场发展前景的文化资源项目产业化;三是完善并落实文化经济政策,逐步推动经营性文化单位转制为企业;四是对于已经产业化的文化生产领域,政府应只"管"不"办",通过制定必要的政策法规,以税收为杠杆进行宏观调控,通过差别税率的实施来规范其经营,促进其发展。

本 章 小 结

文化建设是中国特色社会主义事业总体布局的重要内容,文化体制改革是中国全方位改革事业的重要组成部分,在全面深化文化体制改革之际,总结和研究我国文化体制改革的历史进程尤显重要。

思考与探讨

1. 简述我国文化管理体制改革历程。
2. 我国文化管理体制改革理论创新内容是什么？
3. 简述文化体制改革内涵。
4. 论述文化管理体制改革和创新的思路。

附录 考试大纲

第一部分 课程性质与目标

一、课程性质与特点

课程性质:地方文化资源开发与管理是为了培养自学应考者的地方文化资源开发与管理的基本理论和应用能力而设置的一门应用性很强的课程。

课程特点:本教材按照地方资源、地方资源开发、地方资源管理的脉络进行阐述的,它吸收了多门学科的知识完善了地方文化资源开发与管理相关的教学内容,使公共事业管理专业的学生能够系统掌握地方文化资源开发与管理的相关知识,树立良好的系统资源观、科学开发观,并在实际工作中得以掌握和运用。

二、课程目标与基本要求

课程目标:地方文化资源开发与管理研究经济我国地方文化资源开发与管理的现状和问题,通过对有关理论的系统学习,使学生了解地方文化资源开发与管理的相关内容,并结合实践运用所学概念与理论来分析、解决地方文化资源开发与管理有关问题。

基本要求:通过掌握地方文化资源开发与管理课程的基本研究方法,了解地方文化资源开发与管理课程的主要内容,运用地方文化资源开发与管理的有关理论分析我国有关地方文化资源开发与管理中的问题,培养学生分析能力、表达能力并进行案例讨论。

第二部分 考核内容与考核目标

第一章 文化资源

考核知识点

文化的内涵和特征;资源的内涵和特征;文化资源特征和作用;地方文化资源的形态。

第二章 地方文化资源开发

考核知识点

地方文化资源的内涵;地方文化资源开发的原则;地方文化资源开发的过程;地方文化资源开发的思路;地方文化资源开发的模式。

第三章 地方文化资源产业化开发

考核知识点

地方文化资源产业化开发的意义;地方文化资源产业化开发的原则;地方文化资源产业化开发的类型;地方文化资源产业化开发的内容。

第四章 文化产品

考核知识点

文化产品的内涵及其特征;文化产品的本质属性;文化产品的分类和类型;文化产品开发形态和开发要旨。

第五章 文化创意产业

考核知识点

文化创意产业形成条件;文化创意产业内涵和特征;文化创意产业发展模式。

第六章 地方文化资源的培育与保护

考核知识点

地方文化资源培育与保护的内涵;地方文化资源培育与保护的原则;地方文化资源培育与保护的关系;地方文化资源培育与保护的路径。

第七章 非物质文化遗产的保护与开发

考核知识点

非物质文化遗产的界定和特点;非物质文化遗产保护的原则;非物质文化遗产与其他

文化遗产的关系;非物质文化遗产开发的意义。

第八章　地方文化资源的管理

考核知识点

地方文化资源管理内涵和性质;地方文化资源管理的特征和原则;地方文化资源管理的内容;地方文化资源管理的模式;地方文化资源管理的形成动力。

第九章　文化管理体制改革与文化管理创新

考核知识点

我国文化管理体制改革历程;我国文化管理体制改革理论创新的内容;文化体制改革内涵;文化管理体制改革和创新的思路。

第三部分　有关说明与实施要求

指定教材

《地方文化资源开发与管理》,王宏彬主编,哈尔滨工程大学出版社。

自学方法指导

1.在开始阅读指定教材某一章之前,先翻阅大纲大纲中有关这一章的考核知识点即对知识点层次的要求和考核目标,一边在翻阅教材时做到心中有数,有的放矢。

2.阅读教材时,要逐段细读,逐句推敲,集中精力吃透每一个知识点,对基本概念要深刻理解,对基本理论必须彻底弄清,对基本方必须牢固掌握。

3.在自学过程中,既要思考问题,也要做好读书笔记,把教材中的基本概念、基本原理和方法等加以整理,这可以从中加深对问题的理解、认知和记忆,以利于突出重点,并涵盖整个内容,可以不断提高自学能力。

4.认真领会每部分的本章小结记课后思考题,巩固本章内容。适当查找网络中的相关试题,结合课本上的基本原理进行有针对性的复习,达到巩固提高的效果。

参考文献

[1] 滕尼斯. 共同体与社会[M]. 北京:北京大学出版社,2010.

[2] 熊培云. 重新发现社会[M]. 北京:新星出版社,2010.

[3] 卢勤. 个人成长与社会化[M]. 成都:四川大学出版社,2010.

[4] 米德. 萨摩亚人的成年[M]. 周晓虹等译. 北京:商务印书馆,2010.

[5] 奚从清. 角色论——个人与社会的互动[M]. 杭州:浙江大学出版社,2010.

[6] 格罗塞. 身份认同的困境[M]. 王鲲译. 北京:社会科学文献出版社,2010.

[7] 鲍尔. 预知社会——群体行为的内在法则[M]. 暴永宁译. 北京:当代中国出版社,2010.

[8] 桑斯坦. 极端的人群:群体行为的心理学[M]. 尹宏毅,郭彬彬译. 北京:新华出版社,2010.

[9] 落合惠美子. 21 世纪的日本家庭[M]. 郑杨译. 济南:山东人民出版社,2010.

[10] 韦伯. 社会学基本概念[M]. 杭聪译. 北京:北京出版社,2010.

[11] 韦伯. 经济与社会(第 1 卷)[M]. 阎克文译. 上海:上海人民出版社,2010.

[12] 罗中枢,王卓. 公民社会与农村社区治理[M]. 北京:社会科学文献出版社,2010.

[13] 袁德. 社区文化论[M]. 北京:中国社会出版社,2010.

[14] 欧阳恩良. 近代中国社会流动与社会控制[M]. 北京:社会科学文献出版社,2010.

[15] 郝大海. 流动的不平等——中国城市居民地位获得研究(1949 – 2003)[M]. 北京:中国人民大学出版社,2010.

[16] 陆学艺. 当代中国社会结构[M]. 北京:社会科学文献出版社,2010.

[17] 扎斯特罗. 社会问题:事件与解决方案[M](第 5 版). 范燕宁等译. 北京:中国人民大学出版社,2010.

[18] 单雾翔. 留住城市文化的"根"与"魂" – 中国文化遗产保护的探索与实践[M]. 北京科学出版社,2010.

[19] 上官子木. 网络交往与社会变迁[M]. 北京:社会科学文献出版社,2010.

[20] 司马云杰. 文化社会学[M](第 5 版). 北京:华夏出版社,2011.

[21] 梯尔.越轨社会学[M](第 10 版).王海霞等译.北京:中国人民大学出版社,2011.

[22] 姚伟钧.从文化资源到文化产业[M].清华大学出版社,2012 年

[23] 布劳.社会生活中的交换与权力[M].李国武译.北京:商务印书馆,2012.

[24] 福柯.规训与惩罚[M](第 4 版).刘北城,杨远婴译.北京:生活·读书·新知三联书店,2012.

[25] 米尼斯.社会学的想象力[M](第 3 版).陈强,张永强译.北京:生活·读书·新知三联书店,2012.

[26] 风笑天.社会研究方法[M](第 4 版).北京:中国人民大学出版社,2013.

[27] 迪尔凯姆.社会学方法的准则[M].狄玉明,译.北京:商务印书馆,2013.

[28] 黄虚峰.文化产业政策与法律法规[M].北京大学出版社,2013

[29] 张仲谋.非物质文化遗产与当代文化建设[M].文化艺术出版社,2013

[30] 谢弗.社会学与生活[M](第 10 版).赵旭东译.北京:世界图书出版公司北京公司,2014.

[31] 伯格.与社会学同游:人文主义的视角[M].何道宽译.北京:北京大学出版社,2014.

[32] 格尼茨.文化的解释[M].韩莉译.北京:译林出版社,2014.

[33] 米德.心灵、自我与社会[M].霍桂桓译.北京:北京联合出版公司,2014.

[34] 诺思.制度、制度变迁与经济绩效[M].杭行译.上海:格致出版社,2014.

[35] 秦枫.文化资源概论[M].中国科学技术大学出版社,2014.

[36] 姚伟钧.文化资源学[M].清华大学出版社,2015.